राकेश सिंह टिकैत

किसान आंदोलन : विविध परिदृश्य

लेखक

शुभम गुप्ता

प्रभाकर प्रकाशन

ISBN: 978-93-90605-81-1
eISBN: 978-93-90605-89-7

प्रकाशक: प्रभाकर प्रकाशन
प्लॉट नं.-55, मेन मदर डेयरी रोड
पांडव नगर, ईस्ट दिल्ली-110092
फोन: 011-40395855
व्हाट्स ऐप: +91 8447931000
ई-मेल: Sales@pharosbooks.in
वेबसाइट: www.pharosbooks.in
संस्करण: 2021
कवर डिज़ाइन: वीरेन्द्र सिंह भंडारी
इनर डिज़ाइन: रोनी उराँव

राकेश सिंह टिकैत (किसान आंदोलनः विविध परिदृश्य)
लेखक: शुभम गुप्ता

भूमिका

मैं किसान हूँ
आसमान में धान बो रहा हूँ
कुछ लोग कह रहे हैं
कि पगले! आसमान में धान नहीं जमा करता
मैं कहता हूँ पगले!
अगर ज़मीन पर भगवान जम सकता है
तो आसमान में धान भी जम सकता है
और अब तो दोनों में से कोई एक होकर रहेगा
या तो ज़मीन से भगवान उखड़ेगा
या आसमान में धान जमेगा।

– नई खेती (कविता)
रमाशंकर यादव विद्रोही

ऊपर दी गयी कविता के संदर्भ को आप पकड़ने की कोशिश करेंगे, तो आपके हाथ में उस सच की प्राप्ति होगी, जिसे हमारा किसान वर्ग हमेशा ही अनुभव करता आया है। हमारे देश को आज़ादी मिले सत्तर सालों से भी अधिक समय हो चुका है। आज़ादी के बाद से देश ने कई उतार–चढ़ाव देखे हैं। देश कभी धीमी गति से, तो कभी तेज़ गति से विकास के मार्ग पर चलता आ रहा है। इस विकास की नदी में कई सरकारों ने अपने हाथ धोये हैं। कई नेता शून्य से शिखर पर चले गये, लेकिन इन वर्षों में विकास के मार्ग पर कोई अगर सबसे पीछे रह गया, तो वह है हमारा "किसान"। भारत शुरू से ही एक कृषि प्रधान देश रहा है। जिस देश की नींव कृषि पर आधारित हो, जहाँ की संस्कृति किसान को अन्नदाता की उपमा से अलंकृत करती हो, जहाँ जय जवान जय किसान का नारा लगता हो, वहाँ पर आत्महत्या के मामले में किसान प्रथम स्थान पर आता है, यह एक विडंबना ही हो सकती है।

देश में अंग्रेज़ों के राज में कई कृषि आंदोलन हुए, जिन्होंने स्वतंत्रता आंदोलनों में महत्त्वपूर्ण भूमिका निभाई। स्वतंत्रता के बाद भी देश में किसान आंदोलनों का दौर जारी रहा। स्वतंत्रता से पहले जितने भी कृषि आंदोलन हुए, वे सब हिंसा से मुक्त होते थे, लेकिन स्वतंत्रता के बाद वाले कृषि आंदोलनों में हिंसा भी देखने को मिली। किसी भी देश में एक किसान सबसे महत्त्वपूर्ण व्यक्ति होता है, जिसके ऊपर सारा देश निर्भर रहता है। देश को उन्नत करने में किसान की भूमिका अहम होती है, लेकिन आज उन्हीं किसानों की हालत सबसे ज़्यादा गंभीर है। एक किसान का जीवन कृषि से ही शुरू होकर कृषि पर ही समाप्त हो जाता है। किसान अपनी मेहनत से सभी की आवश्यकताओं को पूरा करता है, लेकिन वह अपनी ज़रूरतों को कभी पूरा नहीं कर पाता। एक किसान अपनी कृषि और जीवन को बचाने के लिए कभी अपने आप से, कभी सरकार से, तो कभी प्राकृतिक आपदाओं से लड़ता-झगड़ता रहता है। अंत में जब उसे कोई रास्ता नज़र नहीं आता, तो तंग आकर बड़ी आसानी से वह मौत को अपने गले लगा लेता है।

इस किताब में कृषि जीवन, किसान आंदोलन, प्राचीन कृषि प्रणाली आदि विषयों के बारे में बताया गया है। हम उम्मीद करते हैं कि पाठकगण हमारी यह किताब ज़रूर पसंद करेंगे।

शुभम गुप्ता

विषय सूची

भाग-1

21वीं शताब्दी में कृषि आंदोलन के बदलते परिदृश्य

भारत में कृषि आंदोलनों का इतिहास काफ़ी पुराना रहा है। देश में बीते सालों में कई छोटे-बड़े कृषि आंदोलन देखने को मिले हैं। फिर वह चाहे मध्य प्रदेश के मंदसौर में हुआ किसान आंदोलन हो या फिर महाराष्ट्र के किसानों का बड़ा प्रदर्शन, देश में राज्य स्तर पर और राष्ट्रीय स्तर पर किसानों ने कृषि नीति में परिवर्तन करने के लिये कई आंदोलन किये, जिससे उनकी दशा में सुधार हो सके। आज़ादी से लेकर और आजतक किसानों की ऐसी कौन-सी माँगे हैं, जिन्हें सरकार पूरा करने से पीछे हटती रही है? आख़िर किसानों को क्यों बार-बार संघर्ष, विरोध प्रदर्शन और आंदोलन का रास्ता अपनना पड़ा?

किसान आंदोलनों के इतिहास के पन्नों को अगर हम पलटकर देखें, तो ऐसी कई घटनाएँ सामने आती हैं जिनकी वजह से देश को शर्मसार होना पड़ा है। मध्य प्रदेश के मंदसौर ज़िले में जून, वर्ष 2017 के किसान आंदोलन के दौरान हुए गोलीकांड में पाँच किसानों की मौत हो गयी थी। वर्ष 2018 का महाराष्ट्र किसान आंदोलन याद आता है, जब किसानों ने नासिक से मुंबई तक की पद-यात्रा की थी। इस प्रदर्शन के ज़रिए किसान अपनी माँगों (वन अधिकार कानून, 2006 सही ढंग से लागू हो, स्वामीनाथन आयोग की सिफ़ारिशों को लागू किया जाये और सरकार कर्ज़ माफ़ी के वादे को पूरी तरह से लागू करे) को पूरा करवाने की कोशिश कर रहे थे। बाद में किसानों और सरकार के बीच समझौता हो गया था और किसानों ने अपना आंदोलन वापस ले लिया था। इसके बाद मध्य प्रदेश में जून, वर्ष 2018 में किसानों का 'गाँव बंद' आंदोलन देखने को मिला था। किसान आंदोलन से जुड़ा हुआ एक और संघर्ष है जब 5 सितंबर, वर्ष 2018 को दिल्ली के रामलीला मैदान से 'मज़दूर-किसान संघर्ष रैली' निकाली गयी। इस रैली में लाखों किसान और मज़दूर शामिल थे, जो देश

के अलग-अलग राज्यों से आये हुए थे। इस विशाल मज़दूर-किसान संघर्ष रैली में, किसानों और कृषि श्रमिकों ने लाल झंडे के साथ मार्च किया था। इसके अतिरिक्त इसी वर्ष 'किसान क्रांति यात्रा' हरिद्वार से दिल्ली तक निकाली गयी। इस यात्रा में भारतीय किसान यूनियन के नेता राकेश टिकैत बड़ी संख्या में समर्थकों के साथ हरिद्वार से नई दिल्ली के किसान घाट तक पहुँचे थे। किसान क्रांति यात्रा को पुलिस बल से रोकने की कोशिश की गयी थी।

आज़ादी से पहले किसानों ने अपनी माँगों के समर्थन में जो आंदोलन किये, वे गाँधीजी के प्रभाव के कारण हिंसा और बर्बादी से भरे नहीं होते थे, लेकिन अब स्वतंत्रता के बाद जो किसान आंदोलन हुए हैं, उनमें कहीं-न-कहीं हिंसा देखने को मिली है और राजनीतिक पहलू भी सामने आ ही जाता है। वर्तमान में भारत में कृषि आंदोलन तेज़ गति से बढ़ रहे हैं और किसानों की आत्महत्या तथा मृत्यु के आँकड़े भी बढ़ रहे हैं। सरकार और किसानों के बीच आज़ादी के बाद से संघर्ष चला आ रहा है। किसानों और कृषि आंदोलनों से जुड़ी संघर्ष की ऐसी कई कहानियाँ हैं जिन्हें हमारा देश, किसान और सरकार कभी नहीं भुल पाएगी।

26 नवंबर, वर्ष 2020 को इक्कीसवीं शताब्दी के एक ऐसे किसान आंदोलन की शुरुआत होती है, जिसमें किसी एक गाँव या एक शहर के नहीं बल्कि हरियाणा, पंजाब, राजस्थान, उत्तर प्रदेश, उत्तराखंड और देश के दूसरे हिस्सों के भी किसान एक मंच पर एकजुट हुए। आंदोलन में अपनी सहभागिता देने और अपना विरोध प्रकट करने के लिए हज़ारों की संख्या में किसान दिल्ली के बॉर्डरों पर पहुँचने लगे। भारतीय संसद ने 20 और 22 सितंबर, वर्ष 2020 को कृषि से जुड़े हुए तीन नए विधेयकों को पारित किया। इन तीनों विधेयकों को 27 सितंबर को भारत के राष्ट्रपति रामनाथ कोविंद ने मंजूरी दे दी, जिसके बाद ये तीनों कृषि कानून बन गए। इन कानूनों से किसान खुश नहीं हुए और इन कानूनों के विरोध में देशभर में किसानों ने प्रदर्शन करना शुरू कर दिया।

इन कानूनों के अंतर्गत मौजूदा एपीएमसी (एग्रीकल्चर प्रोड्यूस मार्केट कमेटी) की मंडियों के साथ-साथ निजी कंपनियों को भी किसानों के साथ अनुबंधीय खेती, खाद्यान्नों की ख़रीद और भंडारन के अलावा बिक्री करने का अधिकार होगा। देशभर के जितने भी किसान इस कानून का विरोध कर रहे हैं, उन्हें इस बात की आशंका है कि सरकार किसानों से गेहूँ और धान जैसी फ़सलों की ख़रीद को कम करते हुए बंद कर सकती है और उन्हें पूरी तरह से बाज़ार पर निर्भर रहना होगा। इसके अलावा

किसानों को इस बात की आशंका भी है कि इससे निजी कंपनियों को फ़ायदा होगा और न्यूनतम समर्थन मूल्य (एमएसपी) के ख़त्म होने से किसानों की मुश्किलें और बढ़ जाएँगी। हालाँकि तीनों नए कानूनों में एपीएमसी मंडियों के बंद करने या एमएसपी सिस्टम को ख़त्म करने की बात शामिल नहीं है, लेकिन किसानों को इस बात का डर है कि अगर इन कानूनों के ज़रिए निजी कंपनियाँ इस बाज़ार में आती हैं, तो फिर इसका अंत में यही होना है।

वर्ष 2019 और 2020 में केंद्र सरकार ने पंजाब और हरियाणा से लगभग अस्सी हज़ार करोड़ रुपये के गेहूँ और धान की ख़रीदी की। इनमें से ज़्यादातर छोटे और सीमांत किसान हैं। देश में निजी कंपनियों के आने से सरकार किसानों से अनाज की ख़रीदी कम कर सकती है या फिर पूरी तरह से बंद भी कर सकती है। इसलिए पंजाब के किसानों ने इन कानूनों के विरोध में जून-जुलाई, वर्ष 2020 से ही विरोध प्रदर्शन शुरू कर दिया था। हरियाणा के किसानों ने इस विरोध प्रदर्शन में सितंबर से शामिल होना शुरू किया और इन कृषि कानूनों के ख़िलाफ़ अपनी आवाज़ को बुलंद किया। पंजाब और हरियाणा प्रांत में यह विरोध प्रदर्शन कई महीनों से जारी था, लेकिन उस समय केंद्र सरकार और विरोध प्रदर्शन कर रहे किसानों के बीच कोई बातचीत नहीं हुई, हालाँकि तीनों कानून का राजनीतिक विरोध भी होने लगा था। ऐसे में विरोध प्रदर्शन करने वाले किसान 26-27 नवंबर को दिल्ली की सीमा तक पहुँचने लगे। इसके बाद सरकार ने किसान संगठनों से बातचीत शुरू की, लेकिन जब इसका कोई हल नहीं निकला, तो पंजाब और हरियाणा के अलावा दूसरे राज्यों के किसान भी साथ देने और इन कानूनों के ख़िलाफ़ विरोध प्रदर्शन में शामिल होने के लिए धीरे-धीरे दिल्ली की सीमाओं पर जुटना शुरू होने लगे।

आख़िर क्या हैं तीन नए कृषि कानून?

जिन तीन नए कृषि कानूनों के विरोध में देशभर के किसान दिल्ली की सीमाओं पर जमा होना शुरू हुए और सरकार के ख़िलाफ़ विरोध प्रदर्शन करना शुरू किया तथा संघर्ष का रास्ता अपनाया, उन तीन नए कृषि कानूनों की जानकारी निम्नलिखित है-

- नए कृषि कानून में सबसे पहला कानून है, कृषक उपज व्यापार और वाणिज्य (संवर्धन व सरलीकरण) कानून-2020
- दूसरा कृषि कानून है, कृषक (सशक्तीकरण व संरक्षण) क़ीमत आश्वासन और कृषि सेवा पर करार कानून-2020

- तीसरा और अंतिम कृषि कानून है, आवश्यक वस्तु (संशोधन) कानून-2020

उपरोक्त तीनों नए कृषि कानूनों के तहत किसान अपने कृषि उत्पादों की ख़रीदी एवं बिक्री एपीएमसी मंडी से अलग खुले बाज़ार में भी कर सकते हैं। इसी मुद्दे को लेकर किसान सबसे ज़्यादा विरोध प्रदर्शन कर रहे हैं। किसानों का कहना है कि अगर वे एपीएमसी की मंडियों से बाहर बाज़ार दर पर अपनी फ़सल बेचते हैं, तो हो सकता है कि उन्हें थोड़े समय तक फ़ायदा हो, लेकिन बाद में एमएसपी की तरह निश्चित दर पर भुगतान की कोई गारंटी नहीं होगी। जो किसान संगठन प्रदर्शन कर रहे हैं, उन किसानों को इस बात की आशंका भी है कि अगर यह कानून रहते हैं, तो उन्हें न्यूनतम समर्थन मूल्य भी नहीं मिल पाएगा। हालाँकि इन तीनों कानूनों के समर्थन में सरकार का कहना है कि कृषि कानून एमएसपी सिस्टम और एपीएमसी मंडियों को प्रभावित नहीं करते हैं। किसानों का यह भी सवाल है कि एपीएमसी मंडियों के नहीं रहने पर आढ़तियों और कमीशन एजेंटों का क्या होगा?

नए कृषि कानूनों के तहत अनुबंधीय खेती को मंजूरी दी गई है। इसका मतलब अब किसान थोक विक्रेताओं, प्रोसेसिंग इंडस्ट्रीज़ और प्राइवेट कंपनी से सीधे अनुबंध करके अनाज का उत्पादन कर सकते हैं। इसमें जो फ़सल की क़ीमत है, उसपर बात तय करके अनुबंध किया जा सकता है। इसपर सरकार का भी दावा है कि इस प्रावधान से किसानों को पूरा मुनाफ़ा होगा और बिचौलियों को कोई हिस्सा नहीं देना होगा, लेकिन किसान संगठन लगातार अनुबंधीय खेती का भी विरोध प्रदर्शन कर रहे हैं। अनुबंधीय खेती को लेकर किसानों की दो प्रमुख चिंताएँ भी हैं जो कि निम्नलिखित हैं-

- किसानों की पहली चिंता तो यही है कि क्या ग्रामीण किसान निजी कंपनियों से अपनी फ़सल की उचित क़ीमत के लिए मोलभाव करने की स्थिति में होगा?
- किसानों की दूसरी चिंता है कि निजी कंपनियाँ गुणवत्ता के आधार पर उनकी फ़सल की क़ीमत गिरा सकती हैं और ख़रीद भी बंद कर सकती हैं।

कृषि संबन्धित नए कानूनों की मदद से सरकार ने दलहन, तिलहन, प्याज और आलू को ज़रूरी वस्तुओं की सूची से हटा दिया है। इस पर सरकार का कहना है कि इससे इन उत्पादों के भंडारण पर कोई रोक नहीं होगी और इससे निजी निवेश आएगा तथा क़ीमतें भी बनी रहेंगी। दूसरी तरफ़ किसानों का कहना है कि इन प्रावधानों से निजी कंपनियाँ बड़े पैमाने पर इन उत्पादों का भंडारण करने लगेंगी और अपने फ़ायदे

के लिए बाज़ार में इन उत्पादों की आपूर्ति में कृत्रिम कमी पैदा की जाएगी। इसके अलावा किसानों का यह भी कहना है कि उन्हें ऐसी कंपनियों की इच्छा के मुताबिक़ उत्पादन करना होगा और उन्हें क़ीमतें भी कम मिलेंगी।

किसानों की क्या माँग है?

नए कृषि कानूनों के ख़िलाफ़ प्रदर्शन कर रहे किसान चाहते हैं कि तीनों कानूनों को पूरी तरह से वापस लिया जाए। सरकार संसद का विशेष सत्र बुलाकर इन तीनों कानूनों को निरस्त कर दे। इन कानूनों में किसी भी तरह का संशोधन न किया जाए। यही किसानों की माँगे हैं। इसके अतिरिक्त किसान संघ माँग कर रहे हैं कि कृषि उत्पादों की एमएसपी से कम मूल्य पर ख़रीद को दंडनीय अपराध के दायरे में लाया जाए और धान-गेहूँ की फ़सल की सरकारी ख़रीद को सुनिश्चित किया जाए।

भारत सरकार ने कृषि के इन तीनों कानूनों को लेकर किसान नेताओं के कई वर्गों से बात की है। सरकार एमएसपी बहाल रखने और एपीएमसी मंडियों को मज़बूत करने के लिए लिखित आश्वासन भी देने को तैयार है। सरकार इस बात के लिए भी तैयार है कि किसान और निजी कंपनियों में किसी विवाद का फ़ैसला सब डिविजनल मजिस्ट्रेट के ज़रिए ही नहीं होगा, बल्कि किसानों के सामने अदालत जाने का विकल्प भी होगा, लेकिन किसान सरकार के इन संशोधन से सहमत नहीं हैं। वह तो पूर्ण रूप से इन कृषि कानूनों को हटाने के लिए आंदोलन कर रहे हैं।

एपीएमसी (APMC) क्या है?

देश के किसानों को उनकी ही उपज का सही या लाभकारी मूल्य नहीं मिलना सिर्फ़ आज की समस्या नहीं है। आज़ादी के बाद से इस दिशा में बहुत से प्रयास हुए हैं। उसके बाद सन् 1970 के दशक में एग्रीकल्चर प्रोड्यूस मार्केटिंग एक्ट के तहत कृषि विपणन समितियाँ बनी थीं। इन समितियों का उद्देश्य बाज़ार की अनिश्चितताओं से किसानों को बचाना था। अलग-अलग राज्यों में स्थानीय नियमों के अंतर्गत सरकारी एजेंसी या आधिकारिक आढ़तियों के ज़रिए किसानों से कृषि उत्पादों की ख़रीद व बिक्री के लिए 'कृषि उत्पाद बाज़ार समिति' अंग्रेज़ी में 'एग्रीकल्चर प्रोड्यूस मार्केट कमेटी' (APMC) का गठन किया गया। महाराष्ट्र में इस तरह की तीन-सौ कमेटियाँ मौजूद हैं, जबकि बिहार में वर्ष 2006 में ही इस तरह की कमेटियों को भंग कर दिया गया था। एपीएमसी मंडियों के ज़रिए देशभर में कृषि आधारित अर्थव्यवस्था में मदद

मिलती है। राज्य सरकारें इन मंडियों में होने वाली ख़रीद एवं बिक्री पर टैक्स वसूलती हैं। मंडी में आढ़तियों और कमीशन एजेंट्स के नेटवर्क को भी आमदनी होती है। पहले कई लोग इस व्यवस्था पर भी सवाल उठाते रहे हैं।

एपीएमसी कानून लागू होने के बाद कृषि बाज़ारों में व्यवस्था लाने और बिचौलियों के हाथों किसानों का शोषण रोकने की दिशा में सराहनीय काम हुए हैं। ज़्यादातर राज्यों में पहले अपने-अपने एपीएमसी कानून थे, लेकिन केंद्रीय स्तर पर कानून आने के बाद इसका असली मक़सद पूरा नहीं हो पाया, क्योंकि एपीएमसी व्यवस्था समय और ज़रूरत के हिसाब से विकसित नहीं हो पायी।

एक तरफ़ कृषि कानूनों को लेकर सरकार का कहना है कि अगर परंपरागत एपीएमसी बाज़ार के साथ-साथ निजी कंपनियों वाली वैकल्पिक व्यवस्था बनती है, तो इससे किसान और उपभोक्ता, दोनों को फ़ायदा पहुँचेगा। एपीएमसी की मंडियों में सेवा शुल्क के नाम पर किसानों को मामूली शुल्क चुकाना होता है, लेकिन निजी कंपनियाँ उनसे इस तरह का कोई शुल्क नहीं लेंगी। दूसरी तरफ़ किसानों को इस बात की आशंका है कि पहले तो निजी कंपनियाँ किसानों को बेहतर क़ीमतें ऑफर करेंगी और इसके चलते एपीएमसी मंडियाँ अपने आप ही बंद हो जाएँगी। उसके बाद निजी कंपनियाँ अपनी मनमानी करेंगी और उस समय किसानों के पास कोई दूसरा रास्ता नहीं बचेगा। निजी क्षेत्र चाहता है कि एपीएमसी मंडियाँ बंद हो जाएँ। अगर एपीएमसी बंद हो जाती है, तो न्यूनतम समर्थन मूल्य भी ख़त्म हो जाएगा। इसी बात का डर किसानों को है, जिसके लिए उन्हें विरोध प्रदर्शन व आंदोलन का रास्ता अपनाना पड़ा।

एमएसपी (MSP) क्या है और यह कैसा तय होता है?

किसानों की आर्थिक स्थिति हमेशा से ही ख़राब रही है। किसानों की आर्थिक सुरक्षा में सुधार हो सके इसके लिए सरकार द्वारा 'न्यूनतम समर्थन मूल्य' अंग्रेज़ी में 'मिनिमम सपोर्ट प्राइज़' (MSP) की व्यवस्था लागू हुई थी। एमएसपी यानी न्यूनतम समर्थन मूल्य वह न्यूनतम मूल्य होता है, जिस पर सरकार किसानों की ओर से बेचे जाने वाले अनाज की पूरी मात्रा ख़रीद करने के लिए तैयार रहती है। न्यूनतम समर्थन मूल्य की घोषणा सरकार की ओर से कृषि लागत एवं मूल्य आयोग की सिफ़ारिश पर साल में दो बार रबी और ख़रीफ के मौसम में की जाती है। दरअसल किसी फ़सल की एमएसपी इसलिए तय की जाती है, ताकि किसानों को किसी हालत में जो न्यूनतम दर निर्धारित की गई है वो मिलती रहे।

कृषि उत्पाद की अगर बाज़ार में क़ीमतें गिरने लगती हैं, तो भी सरकार को कृषि उत्पाद एमएसपी पर ख़रीदनी होती है। सरकार द्वारा एमएसपी पर कृषि उत्पाद ख़रीदने पर किसानों को वित्तीय नुकसान नहीं होता है। एक कृषि उत्पाद का एमएसपी देशभर में एक जैसा होता है। कृषि मंत्रालय 'कृषि लागत एवं मूल्य आयोग' अंग्रेज़ी में 'कमिशन फॉर एग्रीकल्चर कॉस्ट एंड प्राइज़' (CACP) के आँकड़ों के हिसाब से एमएसपी निर्धारित करता है। मौजूदा समय में सरकार 23 फ़सलों की ख़रीद एमएसपी के हिसाब से करती है। इनमें सात अनाज, पाँच दलहन, सात तिलहन और चार नक़दी फ़सलें शामिल हैं। इस आयोग को संसद से मान्यता प्राप्त नहीं है। सन् 1965 में ग्रीन रिवॉल्यूशन के समय एमएसपी की घोषणा हुई थी। सन् 1966-67 में गेहूँ की ख़रीद के समय इसकी शुरुआत हुई। आयोग ने वर्ष 2018-19 में ख़रीफ सीजन के दौरान मूल्य नीति रिपोर्ट में कानून बनाने का सुझाव दिया था।

इसपर किसानों को कहना है कि सरकार गेहूँ और धान के भंडारण के लिए बड़े पैमाने पर ख़रीद करती है और इन दोनों फ़सलों के अलावा शायद ही कोई फ़सल वे एमएसपी पर बेच पाते हैं। खुले बाज़ार में तो और भी नहीं। केंद्र सरकार के नए कृषि कानूनों के चलते अब किसान एपीएमसी मंडी के बाहर खुले बाज़ार में अपना उत्पाद किसी भी क़ीमत पर बेच पाएँगे, लेकिन किसान चाहते हैं कि सरकार उन्हें न्यूनतम समर्थन मूल्य की गारंटी दे। किसानों को इस बात की आशंका है कि अगर एमएसपी की गारंटी नहीं होगी, तो निजी कंपनियाँ किसानों को क़ीमतें कम करने पर मजबूर कर सकती हैं। किसानों का कहना है कि ये कानून एमएसपी को ख़त्म करने की दिशा में पहला कदम है।

देशभर के आँकड़ों को अगर हम देखें, तो सरकार एपीएमसी नेटवर्क के ज़रिए कुल उपज का महज दस प्रतिशत हिस्सा ही ख़रीदती है, लेकिन अकेले पंजाब में कुल उपज का नब्बे प्रतिशत हिस्सा एपीएमसी की मंडियों में बेचा जाता है। हरियाणा और उत्तर प्रदेश में कुल उपज का नब्बे प्रतिशत हिस्सा एपीएमसी मंडियों में पहुँचता है। इसलिए इन तीनों राज्यों में सिर्फ़ दस प्रतिशत उपज ही खुले बाज़ार में पहुँचता है।

सन् 1960 के दशक में जिस समय भारत में अनाज संकट उत्पन्न हुआ था, तब पंजाब, हरियाणा और पश्चिमी उत्तर प्रदेश के किसानों को अनुदानित दरों पर हाइब्रिड बीज, खाद, ट्यूबवेल के कर्ज़ और दूसरी सुविधाएँ उपलब्ध करावाई गई थीं, ताकि भारत खाद्यान्न के मामले में आत्मनिर्भर हो सके। इसके बाद सरकार ने

इन राज्यों से गेहूँ और धान की ख़रीद करके पूरे देश में खाद्य सुरक्षा की व्यवस्था सुनिश्चित की थी।

किसानों की एकजुटता

आज के समय में सबसे ज़्यादा अनाज उत्पन्न करने वाला देश भारत है। भारत ज़रूरत से ज़्यादा अनाज का उत्पादन करता है। अनाज पैदा करने वाले जब इन किसानों की माँग पर कोई सुनवाई नहीं हुई, तब ये किसान एकजुट हो गए और 26-27 नवंबर, वर्ष 2020 को दिल्ली की सीमा पर जमा होना शुरू हो गए। हरियाणा पुलिस ने बैरिकेड और वाटर केनन के ज़रिए किसानों को रोकने की कोशिश की। किसान भी अपनी ज़िद पर अड़े रहे और दिल्ली की तरफ़ कूच करते हुए आगे बढ़ते रहे। हरियाणा, पंजाब, उत्तर प्रदेश आदि अलग-अलग राज्यों से किसान दिल्ली के अलग-अलग बॉर्डरों पर पहुँचने लगे। अलग-अलग राज्यों के अलग-अलग किसान संगठनों ने इस विरोध प्रदर्शन को अपना समर्थन देने की घोषणा की और उन्होंने भी अपने-अपने राज्यों में कृषि कानून के ख़िलाफ़ विरोध प्रदर्शन करना शुरू कर दिया।

हरियाणा, पंजाब, उत्तर प्रदेश समेत बिहार, उत्तराखंड, हिमाचल प्रदेश, महाराष्ट्र, मध्य प्रदेश, असम, छत्तीसगढ़, ओडिशा में इन कानूनों के पारित होने के बाद से आंदोलन और विरोध प्रदर्शन शुरू हो गया। अखिल भारतीय किसान सभा और उससे संबंधित संगठन भी इन कानूनों के विरोध में किसानों के समर्थन में जुटे। महाराष्ट्र में राजू शेट्टी, बच्चू कडू जैसे किसान नेता भी विरोध प्रदर्शन में आगे आए।

धीरे-धीरे यह किसान आंदोलन गर्म होता चला गया। हज़ारों की संख्या में किसान दिल्ली की सीमा- सिंधु बॉर्डर, टिकरी बॉर्डर, बदरपुर बॉर्डर और गाज़ीपुर बार्डर पर पहुँचने लगे और सरकार के ख़िलाफ़ विरोध प्रदर्शन शुरू कर दिया। किसान ट्रैक्टरों और ट्रकों में बैठकर अपने पूरे रहने के इंतज़ाम के साथ दिल्ली आने लगे। किसानों ने सड़कों पर टेंट और तंबू लगा दिए और एकजुट होकर उन्होंने सड़कों, टेंटों, ट्रैक्टरों और ट्रकों में बैठकर विरोध प्रदर्शन शुरू कर दिया। किसानों का ऐसा दावा है कि वह छह महीने की तैयारी के साथ विरोध प्रदर्शन करने पहुँचे हैं। पंजाब, हरियाणा, राजस्थान, उत्तर प्रदेश, उत्तराखंड और देश के दूसरे हिस्सों के क़रीब चालीस किसान संगठन इस विरोध प्रदर्शन में शामिल हैं। इन किसानों को आम लोगों का समर्थन भी ख़ूब मिल रहा है।

अपने हक़ व अधिकार की लड़ाई के लिए किसान हमेशा ही एकजुट रहे हैं,

लेकिन इतने बड़े पैमाने पर किसानों की एकजुटता का ऐसा उदाहरण देश ने पहली बार देखा। शहरी स्तर, राज्य स्तर व राष्ट्रीय स्तर पर ही नहीं बल्कि अंतर्राष्ट्रीय स्तर पर भी किसानों को समर्थन मिल रहा है। कनाडाई प्रधानमंत्री जस्टिन ट्रूडो ने शांतिपूर्ण ढंग से प्रदर्शन कर रहे भारतीय किसानों के समर्थन में बयान दिया। ब्रिटेन में कई सांसदों ने किसानों के प्रदर्शन को लेकर चिंता व्यक्त की। न्यूयॉर्क टाइम्स और गार्डियन जैसे प्रतिष्ठित प्रकाशन समूहों ने किसानों के प्रदर्शन पर आलेख प्रकाशित किए।

किसानों ने अपने विरोध प्रदर्शन को जारी रखते हुए 8 दिसंबर, 2020 को भारत बंद का ऐलान कर दिया। इसके बाद इस दिन पूरे देश में भारत बंद का आयोजन किया गया था। भारत बंद का असर उत्तर प्रदेश, बिहार, पश्चिम बंगाल, महाराष्ट्र, असम और कर्नाटक में भी देखने को मिला था। जबकि पंजाब और हरियाणा में भारत बंद के दौरान जन-जीवन ठप पड़ गया था। भारत बंद के दौरान हरियाणा पुलिस और दिल्ली पुलिस ने सिंधु बॉर्डर और टिकरी बॉर्डर पर, जो प्रदर्शन के सबसे बड़े केंद्र हैं, वहाँ अतिरिक्त पुलिस बल तैनात कर दी।

भारत बंद के समर्थन में देश के कई हिस्सों में दुकानें और कारोबारी प्रतिष्ठान बंद रहे तथा परिवहन पर भी असर पड़ा। प्रदर्शनकारी सड़क पर उतरे और ट्रेन समेत यातायात को बाधित किया। पंजाब, हरियाणा जैसे राज्यों और किसानों के प्रदर्शन का केंद्र बनी दिल्ली में बंद का असर दिखा। जब किसानों ने भारत बंद का ऐलान किया, तो भारत बंद को देखते हुए देशभर में सुरक्षा बढ़ा दी गयी थी। पश्चिम बंगाल, बिहार, ओडिशा में प्रदर्शनकारियों ने कई जगहों पर ट्रेनें रोकीं। किसान संगठनों द्वारा आहूत भारत बंद का असर राजस्थान के अनेक इलाकों में भी रहा और प्रदेश की राजधानी जयपुर में भी मंडियाँ बंद रहीं।

किसानों के भारत बंद का भी सरकार पर कोई असर नहीं हुआ, लेकिन फिर भी किसानों ने अपना विरोध प्रदर्शन जारी रखा। वह दिल्ली की कड़ाके की सर्दी में भी सड़कों पर अपने टेंटों, ट्रैक्टरों, ट्रकों में बैठकर प्रदर्शन करते रहे, लेकिन वह टूटे नहीं। किसान सड़क पर ही जम गए। वो यहीं खाना पकाते रहे, यहीं खाता रहे और यहीं सोते रहे। सरकार और किसानों के बीच बातचीत का दौर चलता रहा, लेकिन फिर भी इसका कोई हल नहीं निकल पाया।

दिल्ली के गाज़ीपुर बॉर्डर, सिंधु बॉर्डर, टिकरी बॉर्डर पर हरियाणा, पंजाब, उत्तर

प्रदेश आदि अलग-अलग राज्यों से आए हुए किसानों की संख्या और उनके ट्रैक्टर, ट्रॉलियों, ट्रकों की संख्या दिन-पर-दिन बढ़ती चली गई। ट्रॉलियों में खाने-पीने का सामान और किसानों के रहने व सोने की पूरी व्यवस्था रही। किसान आंदोलन के चलते दिल्ली में जो देखने को मिला और जो कुछ देखने को मिल रहा है, वो 32 साल पहले देखने को मिला था। किसान आंदोलन के दौरान कुछ ऐसी घटनाएँ भी घटित हुई जिनके बारे में चर्चा करना आवश्यक है। उनसे जुड़े कुछ महत्त्वपूर्ण बिंदुओं पर नज़र डालते हैं-

- **भारत बंद**

  किसानों व विभिन्न किसान संगठनों ने नए कृषि कानूनों को वापिस लेने की माँग को लेकर 8 दिसंबर, वर्ष 2020 को भारत बंद का ऐलान कर दिया। किसानों की इस घोषणा के बाद आंदोलन और तीव्र हो गया। किसानों और किसान संगठनों ने भारत बंद को लेकर अपनी तैयारी शुरू कर दी। कई राजनीतिक दल, संगठन और आम जनता भी किसानों के भारत बंद के समर्थन में आगे आयी। किसानों ने अपने आंदोलन को और मज़बूत करने के लिए भारत बंद का ऐलान किया था। भारत बंद का असर देश के कई हिस्सों में देखने को मिला था।

  8 दिसंबर, 2020 नवभारत टाइम्स, इंडिया टाइम्स रिपोर्ट के अनुसार, 'नए कृषि कानूनों के ख़िलाफ़ विपक्षी दलों समेत कई क्षेत्रीय संगठनों ने किसान संगठनों की ओर से 8 दिसंबर को किए गए 'भारत बंद' के आह्वान को अपना समर्थन दिया है। इन कानूनों को निरस्त किए जाने की माँग को लेकर दिल्ली की सीमाओं पर किसानों का आंदोलन पिछले कई दिनों से जारी है।

  कांग्रेस अध्यक्ष सोनिया गाँधी, राष्ट्रवादी कांग्रेस पार्टी (राकांपा) के प्रमुख शरद पवार, मार्क्सवादी कम्युनिस्ट पार्टी (माकपा) के महासचिव सीताराम येचुरी, द्रविड़ मुनेत्र कषगम (द्रमुक) के प्रमुख एम के स्टालिन तथा गुपकर घोषणापत्र गठबंधन (पीएजीडी) के अध्यक्ष फारुक अब्दुल्ला समेत प्रमुख विपक्षी नेताओं ने रविवार को एक संयुक्त बयान जारी कर किसान संगठनों द्वारा बुलाये गए 'भारत बंद' का समर्थन किया।

  कांग्रेस ने 'भारत बंद' के प्रति पूरा समर्थन जताया और घोषणा की कि इस दिन वह किसानों की माँगों के समर्थन में सभी ज़िला एवं राज्य मुख्यालयों में प्रदर्शन करेगी। दिल्ली में पार्टी मुख्यालय में प्रवक्ता पवन खेड़ा ने मीडिया को संबोधित

करते हुए कहा, 'मैं यहाँ घोषणा करना चाहता हूँ कि कांग्रेस आठ दिसंबर को होने वाले भारत बंद को पूरा समर्थन देती है।'

कांग्रेस, टीआरएस, द्रमुक, शिवसेना, सपा, राकांपा और आप ने केंद्र सरकार के नए कृषि कानूनों के ख़िलाफ़ किसान संगठनों के 'भारत बंद' के आह्वान के प्रति अपना समर्थन जताया।

आम आदमी पार्टी (आप) ने 'भारत बंद' के आह्वान का समर्थन किया है। दिल्ली के मुख्यमंत्री और पार्टी के राष्ट्रीय संयोजक अरविंद केजरीवाल ने रविवार को यह जानकारी दी। केजरीवाल ने कहा कि देशभर में आप कार्यकर्ता राष्ट्रव्यापी हड़ताल का समर्थन करेंगे। उन्होंने सभी नागरिकों से किसानों का समर्थन करने की अपील की।

किसानों ने भारत बंद के तहत दिल्ली आने वाली सभी सड़कें ब्लॉक करने की चेतावनी दी है। टोल प्लाजाओं पर भी क़ब्ज़े की योजना है। केंद्र सरकार और कॉर्पोरेट्स के ख़िलाफ़ आंदोलन को और तेज़ किया जाएगा। राजनीतिक हलकों से इतर कई व्यापारिक यूनियनों और संगठनों ने भी भारत बंद का समर्थन किया है।'

8 दिसंबर, 2020 एनडीटीवी रिपोर्ट के अनुसार, 'केंद्र के नये कृषि कानूनों को वापस लेने की माँग को लेकर किसान संगठनों के आह्वान पर बुलाए गए 'भारत बंद' के समर्थन में मंगलवार को देश के कई हिस्सों में दुकानें और कारोबारी प्रतिष्ठान बंद रहे और परिवहन पर असर पड़ा। प्रदर्शनकारी सड़क पर उतरे और ट्रेन समेत यातायात को बाधित किया। बंद से आपात सेवाओं और बैंकों को दूर रखा गया। अखिल भारतीय बंद को अधिकतर विपक्षी दलों और कई ट्रेड यूनियनों का समर्थन मिला। पंजाब, हरियाणा जैसे राज्यों और किसानों के प्रदर्शन का केंद्र बनी दिल्ली में बंद का असर दिखा। बंद को देखते हुए देशभर में सुरक्षा बढ़ा दी गयी थी। कई जगहों पर प्रदर्शन का असर दिखा। दिल्ली की सीमाओं पर हज़ारों किसान पिछले 11 दिन से प्रदर्शन कर रहे हैं। पश्चिम बंगाल, बिहार, ओडिशा में प्रदर्शनकारियों ने कई जगहों पर ट्रेनें रोकीं। किसान संगठनों द्वारा आहूत भारत बंद का मंगलवार को राजस्थान के अनेक इलाकों में शुरुआती असर मिला जुला रहा। प्रदेश की राजधानी जयपुर में मंडियाँ बंद थीं, लेकिन दुकान खुली थीं। प्रदेश में सत्तारूढ़ कांग्रेस और भाजपा के कार्यकर्ताओं के बीच

झड़प की ख़बरें हैं। देश के अधिकतर हिस्सों में प्रदर्शन शांतिपूर्ण रहा। राष्ट्रीय राजधानी दिल्ली में अधिकतर मुख्य बाज़ार खुले रहे, लेकिन ऐप आधारित केब सेवाएँ सड़कों पर नहीं दिखीं।'

सरकार ने किसानों के भारत बंद को लेकर उनसे अपील की थी कि वे ऐसे किसी बंद का आह्वान ना करें और बच्चों व बूढ़ों को प्रदर्शन स्थलों से घर भेज दें। सरकार ने कोरोना महामारी के संकट को ध्यान में रखते हुए किसानों से यह अपील की थी, लेकिन किसानों ने सरकार की इस अपील को ठुकरा दिया और उन्होंने 8 दिसंबर को भारत बंद का आह्वान कर दिया। किसान चाहते हैं कि केंद्र सरकार तीनों नए कृषि कानूनों को वापस ले। इस नए कानून की वजह से उन्हें अपना अनाज औने-पौने दाम पर बेचना होगा और न्यूनतम समर्थन मूल्य की व्यवस्था ख़त्म हो जाएगी। इसलिए अपनी माँगों को पूरा करवाने के लिए किसानों ने भारत बंद का आह्वान किया। भारत बंद का भी कोई नतीजा नहीं निकला और सरकार भी कानूनों को वापिस न लेने की ज़िद पर अड़ी रही। इसे लेकर सरकार और किसान संगठनों के बीच बातचीत होती रही, लेकिन सब बेनतीजा साबित हुई।

किसानों का संघर्ष जारी रहा। वह सड़कों पर बैठकर खुले आसमान के नीचे अपना विरोध प्रदर्शन करते रहे। सरकार से बातचीत चलती रही, मीटिंगे चलती रहीं, अलग-अलग राजनीतिक दलों व संगठनों की बैठकें होती रहीं, लेकिन नतीजा कुछ नहीं निकला। सरकार ने किसानों के सामने कानूनों में बदलाव के कई प्रस्ताव रखे, लेकिन किसान पूरी तरह से कृषि कानूनों को वापिस लेने की माँग पर डटे रहे।

➢ गणतंत्र परेड बनाम किसान परेड

26 जनवरी, वर्ष 2021 को एक तरफ़ जहाँ देश 72वाँ गणतंत्र दिवस मनाने की तैयारी कर रहा था, तो वहीं दूसरी तरफ़ कुछ ऐसा होने वाला था, जिसकी किसी को भी उम्मीद नहीं थी। किसानों ने गणतंत्र दिवस के दिन सरकार से ट्रैक्टर रैली निकालने की अनुमति माँगी। सरकार ने इसे स्वीकारते हुए किसानों की ट्रैक्टर रैली का रूट भी तय कर दिया था। किसानों को ट्रैक्टर मार्च निकालने का समय दोपहर बारह बजे से दिया गया था। यह समझौता किसान संगठनों और दिल्ली पुलिस के बीच कई दौर की वार्ताओं के बाद ही संभव हो पाया। दिल्ली पुलिस

ने किसानों से जिस रास्ते पर ट्रैक्टर परेड करने के लिए कह था, उस रास्ते पर किसान राज़ी हो गए थे। कुछ किसान संगठन ऐसे थे, जो दिल्ली पुलिस के दिए गए रूट से नाखुश थे। किसान संगठनों ने इस परेड में हिस्सा लेने की इच्छा रखने वाले सभी किसानों से अपील की कि वह अनुशासन बनाए रखें और किसी भी तरह की हिंसा करने से बचें।

दिल्ली पुलिस चाहती थी कि किसान संगठनों की ट्रैक्टर परेड राजधानी दिल्ली से बाहर निकाली जाए। पुलिस को डर था कि गणतंत्र दिवस के मौके पर ही किसानों की यह ट्रैक्टर परेड निकल रही है, इसलिए कुछ भी हो सकता है। पुलिस का मानना था कि सबसे बेहतर रास्ता 'कुंडली-मानेसर-पलवल एक्सप्रेस-वे' होगा, जहाँ ट्रैक्टर परेड की जा सकती है और उसकी वजह से किसी को असुविधा भी नहीं होगी। किसान संगठन दिल्ली के बाहरी रिंग रोड पर परेड निकालने के लिए अड़े हुए थे। जो दूसरा रास्ता पुलिस अधिकारियों ने सुझाया था, वो टिकरी-नाँगलोई-नज़फगढ़-धंसा था। पुलिस अधिकारियों और किसान संगठन के नेताओं के बीच बातचीत का सिलसिला चलता रहा, लेकिन ट्रैक्टर परेड के रूट को लेकर विवाद बना रहा। किसान संगठनों के साथ चल रही बातचीत में दिल्ली पुलिस के अलावा हरियाणा पुलिस और उत्तर प्रदेश पुलिस के भी वरिष्ठ अधिकारी शामिल थे।

किसान चाहते थे कि ट्रैक्टर परेड इस तरह आयोजित हो और ऐसी जगह पर आयोजित हो, जहाँ सभी किसान इसमें शामिल हो सकें। किसान संगठनों को पुलिस की तरफ़ से बाहरी रिंग रोड के विस्तार वाली सड़क का इस्तेमाल करने का सुझाव भी दिया गया था। पुलिस अधिकारियों का कहना था कि अगर किसान बाहरी रिंग रोड के विस्तार वाली रोड का इस्तेमाल करते हैं, तो सिंधु, गाज़ीपुर और टिकरी बॉर्डर पर प्रदर्शन कर रहे किसान इसका इस्तेमाल कर सकते हैं।

गणतंत्र दिवस के दिन किसान संगठनों के ट्रैक्टर मार्च निकाले जाने के फ़ैसले को देखते हुए दिल्ली पुलिस ने गृह मंत्रालय से अतिरिक्त सुरक्षा बलों के आवंटन का अनुरोध किया। राजपथ, इंडिया गेट और वो पूरा रास्ता जहाँ से गणतंत्र दिवस परेड होकर गुज़रती है, वहाँ पर सुरक्षा के कड़े इंतज़ाम कर दिये गए, ताकि गणतंत्र परेड में किसी प्रकार की कोई रुकावट न आए। किसान संगठनों और उनके नेताओं का कहना था कि वो गणतंत्र दिवस के

दिन राजपथ पर होने वाली गणतंत्र दिवस परेड के बाद ही अपनी ट्रैक्टर परेड निकालेंगे। संगठनों का ये भी कहना था कि ट्रैक्टर मार्च सिर्फ़ बाहरी रिंग रोड पर निकाला जाएगा और वो दिल्ली में उस जगह पर नहीं जाएगा, जहाँ हर साल सरकारी कार्यक्रम का आयोजन होता है। किसान आंदोलन की वजह से पैदा हुई स्थिति के कारण गणतंत्र दिवस के दिन दिल्ली पुलिस के लिए बड़ी चुनौती बन गई थी। एक तरफ़ जहाँ पुलिस पर गणतंत्र दिवस परेड को सफल बनाने की व सुरक्षा की पूरी ज़िम्मेदारी थी, तो वहीं दूसरी तरफ़ किसानों की ट्रैक्टर परेड के लिए जो रूट तय किया गया था उसका भी ध्यान रखना था। पुलिस को यह देखना था कि गणतंत्र दिवस के दिन प्रस्तावित रैली या मार्च के दौरान कोई अप्रिय घटना न घटे। उस आंदोलन का नेतृत्व किसान नेता राकेश सिंह टिकैत कर रहे थे।

जब किसानों ने गणतंत्र दिवस के दिन अपनी ट्रैक्टर परेड निकालने का आह्वान किया, तो किसान संगठनों ने देश भर के किसानों से अपनी ट्रैक्टर परेड में हिस्सा लेने के लिए कहा। इसके बाद देश के अलग-अलग हिस्सों से किसान अपने ट्रैक्टर लेकर या फिर व्यक्तिगत रूप से खुद शामिल होने के लिए दिल्ली की तरफ़ बढ़ने लगे। हरियाणा, पंजाब, उत्तर प्रदेश के अलावा दूसरे राज्यों से भी किसानों के जत्थे ट्रैक्टर लेकर दिल्ली की सीमा की तरफ़ पहुँचना शुरू हो गए। सिर्फ़ ट्रैक्टर ही नहीं, बल्कि बहुत से किसान अपनी गाड़ियों, बाइकों व पैदल चलकर इस रैली में शामिल होने के लिए सिंधु बार्डर, टिकरी बार्डर, गाज़ीपुर बार्डर पर पहुँचने लगे।

26 जनवरी, 2021 बीबीसी रिपोर्ट के अनुसार, 'गणतंत्र दिवस की सुरक्षा को ध्यान में रखते हुए अर्द्धसैनिक बलों को भी तैनात कर दिया गया था और किसानों ने भी अपनी तरफ़ से व्यवस्था को संभालने के लिए वॉलेंटियर तैनात किए थे, लेकिन सारे इंतज़ाम धरे के धरे रह गए। शांतिपूर्ण तरीक़े से चल रहे इस किसान आंदोलन ने गणतंत्र दिवस के मौक़े पर अचानक हिंसात्मक रूप ले लिया। हर साल गणतंत्र दिवस की परेड में सैन्य टुकड़ियाँ, अत्याधुनिक हथियार, अलग-अलग राज्यों की झाकियाँ और लड़ाकू विमान नज़र आते थे, लेकिन वर्ष 2021 के गणतंत्र दिवस में इन तस्वीरों के साथ हिंसा की तस्वीरें भी दिखीं। नए कृषि कानून के विरोध में दिल्ली बॉर्डर पर ट्रैक्टर मार्च निकाल रहे किसानों पर दिल्ली पुलिस कहीं लाठियाँ बरसाती नज़र आई, तो कहीं किसान प्रदर्शनकारी

पुलिस बैरिकेडिंग को तोड़कर सेंट्रल दिल्ली में जबरन घुसते नज़र आए। कहीं प्रदर्शनकारियों के हाथ में तलवारें दिखीं, तो कहीं बस तोड़ते आंदोलनकारी, तो कहीं आँसू गैस के गोले दागते पुलिस वाले।

किसान आंदोलनकारियों पर आरोप है कि उन्होंने पुलिस के साथ बैठक में तय रूट पर ट्रैक्टर परेड नहीं निकाली। किसानों की ट्रैक्टर परेड तय समय से ही पहले शुरू हो गई थी।

जबकि किसान नेता राकेश टिकैत कह रहे हैं कि राजनीतिक दलों के लोग किसान आंदोलन को बदनाम करने के लिए गड़बड़ी फैला रहे हैं।

किसानों की ट्रैक्टर परेड बिलकुल भी शांतिपूर्ण नहीं रही। अलग-अलग जगहों से पुलिस और किसानों के बीच कई तरह के तनाव और टकराव की ख़बरे आई।

पुलिस किसान आंदोलनकारियों पर डंडे बरसाती नज़र आई। प्रदर्शनकारियों ने हाथ में लोहे की रॉड ले रखी है। गाज़ीपुर बॉर्डर की तरफ़ से दिल्ली में प्रवेश कर रहे किसानों पर पुलिस ने आँसू गैस के गोले छोड़े हैं।

दिल्ली-नोएडा और दिल्ली-गाज़ियाबाद सड़क पर अक्षरधाम मंदिर के पास पुलिस के आँसू गैस के गोले छोड़ने की तस्वीरें सामने आई हैं। यहाँ पुलिस की भारी तैनाती है।

किसान एकता मंच के नेता ने सभी किसानों से अपील की है कि आंदोलन में शामिल किसान शांतिपूर्वक रैली करें और इसे आख़िरी आंदोलन न समझें। हम बार बार कह रहे हैं कई शरारती तत्व आंदोलन में शामिल हो सकते हैं, इनसे किसानों को बच कर रहना है और अपना आंदोलन जारी रखना है। आपको ध्यान रखना होगा कि इस लड़ाई को जीतने के लिए शांति बहुत ज़रूरी है और इसलिए सभी को अपनी ज़िम्मेदारी संभालते हुए काम करना है।

सरकार चाहती है कि आंदोलन में फूट पड़े और आंदोलन हिंसक हो जाए, लेकिन आपसे विनती है कि हमें साथ रहना है। ये आंदोलन आगे भी होगा। 1 फरवरी को हमें संसद के लिए कूच करना है और इसके लिए भी हमें तैयारी रखनी है।

इससे पहले दिल्ली पुलिस भी इस तरह की आशंका जता चुकी है कि आंदोलन में गड़बड़ी फैलाने की कोशिश की जा सकती है।'

27 जनवरी, 2021 एनडीटीवी रिपोर्ट के अनुसार, 'दिए गए समय से

पहले ही किसानों ने रैली शुरू कर दी। किसानों ने सिंधु और टिकरी बॉर्डर पर बैरिकेड्स तोड़ दिए थे। किसान दिल्ली के आईटीओ और फिर लालकिला तक पहुँच गए। लाल किले के भीतर जाकर भी हंगामा हुआ। किसानों ने एक और झंडा फहराया। इससे पहले पुलिस ने दावा किया था कि दिल्ली आने वाले सभी बॉर्डर सील हैं, लेकिन किसानों का आंदोलन काबू से बाहर हो गया। गाज़ीपुर बॉर्डर के पास किसानों ने बैरिकेड्स तोड़ दिए हैं। उधर, अक्षरधाम और नोएडा मोड़ के पास किसानों और पुलिस के बीच झड़प की ख़बरें आईं। कुछ जगहों से छिटपुट हिंसा की ख़बरें हैं। ट्रक समेत कुछ गाड़ियों में तोड़फोड़ की ख़बर भी है। मुबारका चौक पर हालात थोड़े ख़राब हुए हैं। इसके साथ ही टिकरी बॉर्डर के आगे नाँगलोई में भी पुलिस बैरिकेड्स तोड़े गए हैं। पुलिस ने कई जगह बल प्रयोग भी किया। आँसू गैस के गोले छोड़े गए। आईटीओ पर भी किसानों ने बवाल किया और इसके बाद वे लालकिले पर निकल गए। यहाँ एक नारेबाजी और एक अन्य झंडा फहराकर किसान वापस लौटने लगे।'

27 जनवरी, 2021 नवभारत टाइम्स, इंडिया टाइम्स रिपोर्ट के अनुसार, 'गणतंत्र दिवस पर किसानों की ट्रैक्टर परेड के दौरान दिल्ली में प्रदर्शनकारियों ने बवाल काटा। इस दौरान सार्वजनिक संपत्तियों को नुकसान पहुँचाया गया, पुलिस वालों पर ट्रैक्टर चढ़ाने की कोशिशें भी हुईं। ट्रैक्टर परेड के लिए तय रूट से हटते हुए आंदोलनकारी किसानों का एक हिस्सा लाल किले में घुस गया और ऐतिहासिक इमारत के कुछ गुंबदों पर झंडा लगा दिया। गणतंत्र दिवस पर किसानों की ट्रैक्टर परेड हिंसक प्रदर्शन में तब्दील हो गई। उग्र किसानों और पुलिस के बीच झड़पें हुईं। लाल किले पर पुलिस वालों पर किसान भारी पड़े और उन्होंने तिरंगे के पास धार्मिक झंडा भी लगा दिया। किसानों के हिंसक प्रदर्शन के बाद राजधानी की सुरक्षा बढ़ाने का फ़ैसला हुआ है।'

कृषि कानून पर अध्यादेश आने के बाद से किसानों का विरोध प्रदर्शन लगातार जारी रहा। वह अपना शांतीपूर्वक आंदोलन कर रहे थे, लेकिन गणतंत्र दिवस के मौके पर ट्रैक्टर रैली के दौरान हुई हिंसा की पूरे देश ने निंदा की और अपना दु:ख जताया। हमारे देश की ऐतिहासिक इमारत लाल किले व तिरंगे की प्रतिष्ठा के साथ जो अपमान हुआ उसे देश कभी नहीं भूल सकेगा और इस दु:खद घटना को इतिहास में काले अक्षरों से लिखा जाएगा। देश के पूर्व प्रधानमंत्री लाल बहादुर शास्त्री द्वारा दिए गए 'जय जवान, जय किसान' नारे का हमारे

देशवासियों ने सदा ही सम्मान किया है, लेकिन वर्ष 2021 की गणतंत्र दिवस परेड पर जहाँ एक तरफ़ देश के जवान अपनी सैन्य शक्ति का प्रदर्शन कर रहे थे, तो वहीं दूसरी तरफ़ जवान और किसान आमने-सामने हथियार लिये खड़े थे। इस घटना में कई पुलिस वाले घायल हुए, कई किसानों की मौत भी हुई। पुलिस ने कई प्रदर्शनकारियों को हिरासत में भी लिया। किसान आंदोलन की यह सबसे दु:खद घटना थी।

➢ **चक्का जाम**

तीन कृषि कानूनों के विरोध में चालीस से भी अधिक किसान संगठनों ने 6 फरवरी, वर्ष 2021 को देशभर में चक्का जाम करने का फ़ैसला किया। किसानों के चक्का जाम के आह्वान से पुलिस ने भी अपनी तरफ़ से सुरक्षा के कड़े इंतज़ाम कर लिए। सभी देशवासियों को इस बात का डर था कि किसान आंदोलन के नाम पर जो हिंसक घटना गणतंत्र दिवस के दिन दिल्ली में देखने को मिली, फिर दोबारा कुछ ऐसा ही न हो जाए। सरकार ने दिल्ली के सभी बॉर्डरों पर पुलिस बल के साथ-साथ सेना बल भी तैनात कर दिया। किसानों को रोकने के लिए सरकार ने कई लेयरों में बैरिकेडिंग लगाकर बॉर्डरों को सील कर दिया। सड़कों पर कीलें बिछवाँ दी और सड़कों पर ही दीवार बनवाकर कँटीले तार लगवा दिए।

2 फरवरी, 2021 नया इंडिया, अंक-257, की रिपोर्ट के अनुसार, 'किसान संगठनों ने छह फरवरी को बारह बजे से तीन बजे तक पूरे देश में चक्का जाम करने का ऐलान किया है। किसान संगठनों ने आपसी बैठक के बाद इसकी घोषणा की।'

'पुलिस ने गाज़ीपुर, टिकरी और सिंधु बॉर्डर पर बैरिकेडिंग बढ़ा दी है और इंटरनेट दो फरवरी को रात ग्यारह बजे तक बंद रखने का फ़ैसला किया है। गृह मंत्रालय ने सिंधु, गाज़ीपुर और टिकरी बॉर्डर पर इंटरनेट सेवाओं के निलंबन की अवधि मंगलवार रात तक के लिए बढ़ा दी है।'

'किसानों के प्रदर्शन के मुख्य स्थल सिंधु बॉर्डर पर पुलिसकर्मियों के निरीक्षण में श्रमिक सीमेंट के अवरोधकों की दो कतारों के बीच लोहे की छड़ें लगाते हुए देखे गए, ताकि नए कृषि कानूनों का विरोध कर रहे प्रदर्शनकारियों की आवाजाही सीमित की जा सके। इस दिल्ली-हरियाणा बॉर्डर का एक अन्य हिस्सा

अब एक प्रकार से बंद कर दिया गया, क्योंकि सीमेंट की अस्थायी दीवार खड़ी कर दी गई है।'

3 फरवरी, 2021 नया इंडिया, अंक-258, की रिपोर्ट के अनुसार, 'किसानों को दिल्ली में घुसने से रोकने के लिए दिल्ली पुलिस सीमाओं को किलेबंद कर रही है। सात-सात स्तर के बैरिकेड्स लगाए जा रहे हैं। इसके साथ ही तारों की बाड़ लगाई जा रही है और सड़क पर पुलिस कीलें गड़वा रही है, ताकि किसान ट्रैक्टर या किसी दूसरी सवारी से दिल्ली में प्रवेश न करें।'

6 फरवरी, 2021 बीबीसी रिपोर्ट के अनुसार, 'चक्का जाम का सबसे ज़्यादा असर हरियाणा और पंजाब में दिखाई दिया, जहाँ अधिकतर राज्य और राष्ट्रीय राजमार्ग बंद रहे। 26 जनवरी की ट्रैक्टर परेड के बाद से ये किसान संगठनों का पहला बड़ा प्रदर्शन था। चक्काजाम के दौरान देश के कई हिस्सों से पुलिस और प्रदर्शनकारियों के बीच झड़पों की रिपोर्टें भी आई हैं। वहीं दक्षिण भारत के कर्नाटक और तेलंगना में पुलिस ने सुबह से ही किसान नेताओं को नज़रबंद करना शुरू कर दिया था। बावजूद इसके बैंगलुरू, हैदराबाद, विजयवाड़ा, कोच्ची और चैन्नई जैसे शहरों में प्रदर्शन हुए। दक्षिण भारत के किसान संगठन भी तीन कृषि कानूनों को रद्द करने की माँग का समर्थन कर रहे हैं। उधर महाराष्ट्र में भी किसान संगठनों ने चक्का जाम में हिस्सा लिया। सतारा ज़िले के कराड़ शहर में कांग्रेस नेता पृथ्वीराज चव्हाण और उनकी पत्नी सत्वाशीला चव्हाण समेत कम से कम चालीस प्रदर्शनकारियों को एक व्यस्त सड़क मार्ग जाम करने के कारण हिरासत में लिया गया।

किसान आंदोलन के समर्थन में शनिवार को तीन घण्टे के चक्का जाम का व्यापक असर पूरे राजस्थान में देखने को मिला। जयपुर-दिल्ली हाइवे पर शाहजहाँपुर में किसान दो महीने से हाइवे जाम कर बैठे हैं, यहाँ सर्विस लेन को भी बंद कर दिया गया। जबकि शाहजहाँपुर टोल पर किसानों ने हाइवे जाम किया। दौसा, धौलपुर, उदयपुर, सीकर समेत सभी ज़िलों से गुज़रने वाले हाइवे पर सुबह ही किसानों का पहुँचना शुरू हो गया। किसान वाहनों और ट्रैक्टर लगा कर हाइवे जाम कर वहाँ बैठ गए। मध्य प्रदेश में कृषि कानूनों को लेकर शनिवार को किए जा रहे किसानों के चक्का जाम को विपक्षी कांग्रेस पार्टी ने भी अपना समर्थन दिया।

भोपाल में कांग्रेस नेताओं ने भी बढ़-चढ़ कर चक्का जाम में हिस्सा लिया। उन्होंने हाइवे पर काफ़ी देर तक ट्रैफिक जाम किया। पुलिस प्रशासन ने दबाव बनाकर रखा था, जिसकी वजह से शहर में प्रदर्शन नहीं हो पाया। शहर के बाहर पार्टी ने ज़रूर प्रदर्शन किए।

उज्जैन में किसानों ने चक्का जाम करके सड़कों पर ट्रैफिक को रोका। चक्का जाम करने पहुँचे किसानों ने रोड पर ही रोटी बनाई। छत्तीसगढ़ की राजधानी रायपुर में राष्ट्रीय राजमार्ग पर दोपहर बाद से गाड़ियों के पहिये थमे रहे। राजमार्ग के लाखौली इलाके में बडी संख्या में किसानों ने सड़कों पर प्रदर्शन किया। ओडिशा की राजधानी भुवनेश्वर में नवनिर्माण कृषक संगठन के कार्यकर्ताओं ने हंसपाल चौक पर जाम लगाया। यहाँ पुलिस ने प्रदर्शनकारियों को ज़बरदस्ती हटा दिया। वामपंथी संगठनों ने बिहार की राजधानी पटना के डाकबंगला चौक पर जाम लगाया। ऑल इंडिया किसान संघर्ष समन्वय समिति के आह्वान पर बिहार में जगह-जगह राष्ट्रीय राजमार्ग, स्टेट हाइवे व अन्य सड़कों को चक्का जाम किया गया।'

6 फरवरी, 2021 एनडीटीवी रिपोर्ट के अनुसार, 'हरियाणा के फतेहाबाद में किसानों ने वाहनों के हॉर्न बजाकर चक्का जाम का कार्यक्रम समाप्त किया। देशव्यापी चक्का जाम कार्यक्रम शांतिपूर्ण रहा। दिल्ली, उत्तर प्रदेश और उत्तराखंड को छोड़कर अन्य जगहों पर किसानों ने चक्का जाम के दौरान राजमार्गों को जाम किया। प्रदर्शनकारी किसानों ने पलवल हाईवे समेत कई अन्य राजमार्गों को जाम किया। चक्का जाम के मद्देनज़र दिल्ली को हाई अलर्ट पर रखा गया। राष्ट्रीय राजधानी में सुरक्षा के पुख़्ता इंतज़ाम किए गए थे। दिल्ली-एनसीआर में पचास हज़ार के क़रीब जवानों की तैनाती की गई।

किसानों ने कहा कि जब तक कृषि कानून वापस नहीं होते, तब तक आंदोलन जारी रहेगा। किसानों ने सरकार को चेतावनी दी है कि कितना ही लंबा समय लगे, प्रदर्शन जारी रहेगा। अगर सरकार यह समझती है कि लंबे समय के चलते आंदोलन कमज़ोर होगा, तो सरकार की भूल है।

किसानों के चक्का जाम के बीच, किसान नेता और भारतीय किसान यूनियन के राष्ट्रीय प्रवक्ता राकेश टिकैत ने समाचार एजेंसी एएनआई से कहा, आज चक्का जाम हर जगह शांतिपूर्ण ढंग से किया जा रहा है। अगर कोई भी अप्रिय घटना होती है, तो दंड दिया जाएगा।'

इस तरह से किसान आंदोलन का एक और संघर्ष समाप्त हुआ, लेकिन इसका कोई हल नहीं निकल सका।

किसान आंदोलन के उभरते महानायक

नए तीन कृषि कानूनों के ख़िलाफ़ चालीस से भी ज़्यादा किसान संगठन और देशभर के लाखों किसान विरोध प्रदर्शन में शामिल हुए। 26 नवंबर, वर्ष 2020 से ही हरियाणा, पंजाब, उत्तर प्रदेश समेत देश के अलग-अलग राज्यों से किसान दिल्ली के सिंधु, टिकरी व गाज़ीपुर बार्डर पर पहुँचना शुरू हो गए और जो यहाँ नहीं पहुँच सके उन्होंने अपने राज्य में रहकर विरोध प्रदर्शन में हिस्सा लिया। सभी किसानों की एक ही माँग कि सरकार या तो कानूनों को वापिस ले या फिर कानून बनाकर न्यूनतम समर्थन मूल्य (एमएसपी) को सबके लिए लागू करे।

इस कृषि आंदोलन में सबसे ज़्यादा संख्या में किसान संगठन और किसान हरियाणा तथा पंजाब से शामिल हुए। इन राज्यों के ही किसान संगठनों के बड़े नेता प्रदर्शन व किसान आंदोलन के उभरते हुए महानायक के रूप में सामने आए। कृषि आंदोलन को संचालित करने में इन किसान नेताओं की भूमिका अहम रही है। कृषि आंदोलन के मुख्य संगठनों व उभरते हुए किसान नेताओं की जानकारी निम्नलिखित है-

- **भारतीय किसान यूनियन/टिकैत-**

  इस समय भारतीय किसान यूनियन के राष्ट्रीय प्रवक्ता राकेश टिकैत हैं। राकेश टिकैत भारतीय कृषि आंदोलन का प्रमुख चेहरा बन चुके हैं। इस किसान संगठन की स्थापना इनके पिता महेंद्र सिंह टिकैत ने की थी। महेंद्र सिंह टिकैत का बेटा होने के नाते लगातार भारतीय किसान यूनियन के हर एक कार्यक्रम में राकेश टिकैत मौजूद रहते हैं। राकेश टिकैत ने किसान आंदोलन को लेकर सरकार से कई बार बातचीत की, लेकिन कोई समाधान नहीं निकल पाया।

- **भारतीय किसान यूनियन/गुरनाम-**

  गुरनाम सिंह चादूनी भारतीय किसान यूनियन गुरनाम के संस्थापक हैं। गुरनाम सिंह कुरुक्षेत्र के एक मशहूर किसान नेता हैं। हरियाणा में कई बार यह किसानों के लिए रैली कर चुके हैं। भारतीय किसान यूनियन गुरनाम की स्थापना इन्होंने सन् 2004 में की थी। गुरनाम सिंह के दिल्ली के मुख्यमंत्री अरविंद केजरीवाल के साथ अच्छे संबंध हैं।

- **भारतीय किसान यूनियन/मान-**

बलदेव सिंह मियांपुर भारतीय किसान यूनियन मन के प्रेसिडेंट हैं। सन् 2002 में इस संगठन की स्थापना हुई थी। इस संगठन में सिर्फ़ पाँच-सौ के आस-पास एक्टिव मेंबर हैं। इस संगठन का प्रभुत्व मोगा, फिरोज़पुर, गुरदासपुर जैसे ज़िलों में मौजूद है। यह संगठन राजनीतिक तौर पर इंडियन नेशनल कांग्रेस का समर्थन करता है।

- **भारतीय किसान यूनियन/अंबावत-**

ऋषि पाल अंबावत भारतीय किसान यूनियन अंबावत के प्रेसिडेंट हैं। ऋषि पाल का जन्म दिल्ली में हुआ था। पश्चिमी उत्तर प्रदेश में चौधरी चरण सिंह के बाद इनको किसानों का दूसरा मसीहा कहा जाता रहा है। अंबावत चौधरी चरण सिंह, लाल बहादुर शास्त्री और वी.पी. सिंह से काफ़ी प्रभावित थे। सन् 1997 में इन्होंने भारतीय किसान यूनियन अंबावत की स्थापना की थी। इसके तहत उन्होंने क़रीब पचास बार 'किसान जन चेतना यात्रा' की और इसी के चलते यह कई बार जेल भी जा चुके हैं। इतना ही नहीं, यह राष्ट्रीय जनता दल किसान मोर्चा के एक साल नेशनल वाइस प्रेसिडेंट भी थे। इसके साथ ही बीजेपी किसान मोर्चा के छह महीने तक नेशनल वाइस प्रेसिडेंट भी रह चुके हैं।

- **भारतीय किसान यूनियन/दोआब-**

मनजीत सिंह राय भारतीय किसान यूनियन दोआबा के प्रेसिडेंट हैं। यह किसान संगठन नवांशहर, जालंधर, होशियारपुर और कपूरथला के किसानो में अपना प्रभाव रखता है।

- **भारतीय किसान यूनियन/कादियान-**

हरमीत सिंह कादियान भारतीय किसान यूनियन कादियान के संस्थापक हैं। इस यूनियन की स्थापना वर्ष 2017 में की गई थी। इसमें लगभग चार हज़ार मेंबर हैं और यह बठिण्डा, जालंधर, होशियारपुर, मोगा, रोपण और मानसा जैसी कई जगहों पर सक्रिय है। हरमीत सिंह कादियान का जन्म लुधियाना में हुआ था। इन्होंने अपनी ग्रेजुएशन लुधियाना के खालसा कॉलेज से पूरी की है।

- **भारतीय किसान यूनियन/राजेवाल-**

बलबीर सिंह रजेवाल भारतीय किसान यूनियन राजेवाल के संस्थापक हैं। वर्ष 2006 में इस किसान यूनियन की स्थापना की गई थी। इसके क़रीब पाँच हज़ार सदस्य हैं और यह किसान संगठन बठिण्डा, फरीदकोट, फतेहगढ़ साहिब, फिरोज़पुर, गुरदासपुर, होशियारपुर जैसी जगहों पर अपना प्रभाव रखता है। बलबीर सिंह रजेवाल वर्ष 2020 में अपनी 77 साल की उम्र पूरी कर चुके हैं। वर्ष 2008 में रजेवाल ने बीकेयू (एमआर) से रिज़ाइन करके बीकेयू रजेवाल बनाया था और तब से यह लगातार इस किसान संगठन के प्रेसिडेंट हैं।

बलबीर सिंह पंजाब के खन्ना ज़िले के राजेवाल गाँव से हैं और स्थानीय ए.एस. कॉलेज से 12वीं पास हैं। भारतीय किसान यूनियन का संविधान भी बलबीर सिंह राजेवाल ने ही लिखा था। उनके संगठन का प्रभाव क्षेत्र लुधियाना के आसपास का मध्य पंजाब है। बलबीर सिंह राजेवाल स्थानीय मालवा कॉलेज की प्रबंधन समिति के अध्यक्ष भी हैं, जो वर्तमान में समराला क्षेत्र का एक अग्रणी शैक्षणिक संस्थान है। नए कृषि कानूनों के ख़िलाफ़ किसान आंदोलन के प्रदर्शन के डिमांड चार्टर का मसौदा तैयार करने में राजेवाल ने महत्त्वपूर्ण भूमिका निभाई है।

- **भारतीय किसान यूनियन/सिद्धपुर-**

जगजीत सिंह दलेवाल भारतीय किसान यूनियन सिद्धपुर के प्रेसिडेंट हैं। इस किसान संगठन की स्थापना वर्ष 2002 में हुई थी और इसमें लगभग पाँच हज़ार मेंबर हैं। जगजीत सिंह दलेवाल के पास लगभग 17 एकड़ ज़मीन है।

- **भारतीय किसान यूनियन/डकोंदा**

बूटा सिंह बुर्ज गिल भारतीय किसान यूनियन डकोंदा के प्रेसिडेंट हैं। इस संगठन की स्थापना वर्ष 2005 में हुई थी और इसके लगभग चार हज़ार मेंबर हैं। यह किसान संगठन संगरूर, बरनाला, मोगा, लुधियाना, पटियाला, फिरोज़पुर, फरीदकोट और फतेहगढ़ साहिब में प्रभाव रखता है। यह राजनीतिक तौर पर प्रो-सीपीआईएम किसान संगठन है। इससे पहले बुर्ज गिल भारतीय किसान यूनियन लक्खोवाल से जुड़े हुए थे।

- **भारतीय किसान यूनियन/लक्खोवाल**

अजमेर सिंह लक्खोवाल भारतीय किसान यूनियन लक्खोवाल के प्रेसिडेंट हैं। इस संगठन के जनरल सेक्रेटरी हरिंदर सिंह लक्खोवाल हैं। इसकी स्थापना सन् 1992 में हुई थी और अभी इसके लगभग सात हज़ार मेंबर हैं। अजमेर सिंह लक्खोवाल का जन्म पाकिस्तान में हुआ था और विभाजन के समय यह लुधियाना आ गए थे। अजमेर सिंह लक्खोवाल ने गणित विषय में एमएससी की है।

- **भारतीय किसान यूनियन/क्रांतिकारी**

सुरजीत सिंह फूल भारतीय किसान यूनियन क्रांतिकारी के संस्थापक हैं। इस किसान संगठन की स्थापना सन् 2004 में की गई थी और इसमें लगभग एक हज़ार सदस्य हैं। भारतीय किसान यूनियन क्रांतिकारी का राजनीतिक झुकाव माकपा की तरफ़ है। इनके ऊपर कई बार पुलिस एफआईआर भी दर्ज हो चुकी है। वर्ष 2009 में पंजाब सरकार ने इन पर यूएपीए के तहत मामला दर्ज किया था, क्योंकि इनके संबंध कई नक्सलियों से बताए गए थे।

- **भारतीय किसान यूनियन/एकता उगराहां**

जोगिंदर सिंह उगराहां भारतीय किसान यूनियन एकता उगराहां के संस्थापक हैं। वर्ष 2002 में इस संगठन की स्थापना हुई थी और इसमें लगभग आठ हज़ार से ज़्यादा मेंबर शामिल हैं। यह संगठन अमृतसर, बठिण्डा, बवाला, गुरदासपुर, लुधियाना, संगरूर, फरीदकोट, फिरोज़पुर, मनसा, मोगा और मुक्तसर ज़िले में अपना प्रभाव रखता है। जोगिंदर सिंह उगराहां ने सेना से रिटायर होने के बाद अपने परिवार की पारंपरिक खेती को शुरू किया था और वर्ष 2002 में भारतीय किसान यूनियन उगराहां किसान संगठन बनाया था। इसके बाद वह किसानों की हित की लड़ाई में सक्रिय हो गए और लगातार किसानों के मुद्दों पर संघर्ष कर रहे हैं।

जोगिंदर सिंह उगराहां भारत में किसान आंदोलन के प्रमुख चेहरों में से एक हैं। वो संगरूर ज़िले के सुनाम शहर के रहने वाले हैं और उनका जन्म और पालन-पोषण एक किसान परिवार में हुआ। जोगिंदर सिंह उगराहां एक उत्कृष्ट वक्ता हैं और इस कला से वो लोगों को जुटाने में माहिर हैं। उनका संगठन पंजाब का एक प्रमुख किसान संगठन है। पंजाब का मालवा क्षेत्र इस संगठन का गढ़ माना जाता है।

➢ ऑल इंडिया किसान सभा पंजाब

बलदेव सिंह निहंग ऑल इंडिया किसान सभा पंजाब के मुख्य नेता हैं। वह इस संगठन के जनरल सेक्रेटरी भी हैं। इस संगठन की स्थापना सन् 1936 में हुई थी और इसमें एक हज़ार के आसपास मेंबर शामिल हैं। यह संगठन पंजाब के कई ज़िलों में अपना प्रभुत्व रखता है। राजनीतिक तौर पर यह सीपीआई से जुड़ा हुआ है।

➢ किसान मज़दूर संघर्ष समिति

किसान मज़दूर संघर्ष समिति के अध्यक्ष सतनाम सिंह पन्नू हैं। इस कमेटी की स्थापना वर्ष 2007 में हुई थी और इसमें क़रीब पाँच हज़ार के आसपास सदस्य हैं। इस कमेटी से जुड़े लोग पंजाब के तरन तारन, गुरदासपुर, फिरोज़पुर और अमृतसर से संबंध रखते हैं। यह किसान यूनियन किसी भी मुद्दे को लेकर प्रोटेस्ट करने में लंबा समय लेता है। पंजाब में बीजेपी और अकाली दल की सरकार के दौरान भी इसने एक बड़ा प्रोटेस्ट किया था।

➢ क्रांतिकारी किसान यूनियन

डॉक्टर दर्शनपाल क्रांतिकारी किसान यूनियन के संस्थापक और स्टेट प्रेसिडेंट हैं। इस संगठन की स्थापना वर्ष 2016 में हुई थी। इस संगठन में सात–सौ से अधिक मेंबर शामिल हैं। यह संगठन राजनीतिक तौर पर माकपा की तरफ़ झुकाव रखता है। दर्शनपाल ने पंजाब सरकार में हेल्थ डिपार्टमेंट में नौकरी शुरू की थी। एलडब्ल्यूई एक्टिविटीज के चलते कई बार इनपर आरोप लगते रहे हैं। इनके कई सीपीआई नेताओं से संपर्क रहे हैं, जिसे लेकर इनके ऊपर बड़े सवाल उठे हैं। इनका मुख्य आधार पटियाला और आसपास के इलाकों में है।

डॉक्टर दर्शनपाल वर्तमान में तीस किसान संगठनों के समन्वयक हैं, इसलिए वो एक बड़े नेता के रूप में सामने आए हैं। सन् 1973 में एमबीबीएस और एमडी करने के बाद वो सरकारी सेवा में रहे। वो अपने कॉलेज के दिनों में और नौकरी के दौरान छात्र संघ और डॉक्टरों के संगठन में हमेशा सक्रिय रहे।

➢ कीर्ति किसान यूनियन

निर्भय सिंह दूधीके कीर्ति किसान यूनियन के संस्थापक हैं। सन् 1972 में

इस किसान संगठन की स्थापना की गई थी। इसमें पाँच हज़ार से अधिक मेंबर शामिल हैं। यह किसान संगठन अमृतसर, गुरदासपुर, जालंधर, पठानकोट, संगरूर, मोगा, लुधियाना और नवांशहर में एक्टिव है। यह किसान संगठन कम्युनिस्ट पार्टी ऑफ मार्क्सिस्ट लेनिनिस्ट डेमोक्रेटिक से राजनीतिक रूप से जुड़ा हुआ है।

- **किसान संघर्ष समिति**

कमलप्रीत सिंह पन्नू किसान संघर्ष कमेटी के प्रेसिडेंट हैं। इस किसान संगठन की स्थापना सन् 2000 में हुई थी, जिसमें पन्द्रह-सौ के आस-पास मेंबर शामिल हैं। यह संगठन कपूरथला, अमृतसर, जालंधर, तरन तारन और गुरदासपुर जैसे पंजाब के ज़िलों में अपना प्रभुत्व रखता है।

- **जम्हूरी किसान सभा**

सतनाम सिंह अजनाला जम्हूरी किसान सभा के प्रेसिडेंट हैं। इस संगठन की स्थापना वर्ष 2004 में हुई थी और इसमें लगभग दो हज़ार मेंबर शामिल हैं। ऐसा कहा जाता है कि इस संगठन का राजनीतिक संपर्क रिवॉल्यूशनरी मार्क्सिस्ट पार्टी ऑफ इंडिया से है।

- **पंजाब किसान यूनियन**

रुलदु सिंह मनसा पंजाब किसान यूनियन के प्रेसिडेंट हैं। इस संगठन की स्थापना वर्ष 2006 में हुई थी। इसमें दो हज़ार से अधिक मेंबर शामिल हैं। इस किसान संगठन का प्रभाव मानसा, लुधियाना और मुक्तसर में है। राजनीतिक तौर पर यह संगठन अपने आपको सीपीआई(एमएल) से जोड़ कर बताता है। इसके साथ ही पंजाब किसान यूनियन के प्रेसिडेंट ऑल इंडिया किसान संघर्ष समिति के मेंबर भी हैं।

- **आज़ाद किसान संघर्ष कमेटी**

हरजिंदर सिंह टांडा आज़ाद किसान संघर्ष कमेटी के प्रेसिडेंट हैं। इसकी स्थापना वर्ष 2014 में हुई थी। इस किसान संगठन के तीन-सौ के आसपास मेंबर हैं। इसका प्रभाव तरन तारन और अमृतसर के कई इलाकों में है। ऑल इंडिया किसान संघर्ष समिति के मेंबर भी इसके प्रेसिडेंट हैं।

➢ राष्ट्रीय किसान मज़दूर संघ

शिवकुमार शर्मा राष्ट्रीय किसान मज़दूर संघ के राष्ट्रीय संयोजक हैं। शिवकुमार किसान आंदोलन के दौरान सरकार से बातचीत के समय काफ़ी मुखर तरीक़े से अपनी बात रखते रहे हैं। शिवकुमार का जन्म सन् 1951 में भोपाल में हुआ था। यह किसानों की भलाई के लिए लड़ाई लड़ते रहे हैं। मध्य प्रदेश के होशंगाबाद में इनकी क़रीब तीस एकड़ के आसपास ज़मीन है।

➢ वी.एम. सिंह

वीरेंद्र मोहन सिंह उर्फ वी.एम. सिंह भारतीय राष्ट्रीय किसान मज़दूर संगठन के नेशनल प्रेसिडेंट हैं। वी.एम. सिंह वर्तमान समय में ऑल इंडिया किसान संघर्ष समिति के संयोजक भी हैं। ऐसा कहा जाता है कि वी.एम. सिंह मेनका गाँधी के दूर के रिश्तेदार हैं। इनका मूल निवास लखनऊ में है। दिसंबर, वर्ष 2015 में इन्होंने पॉलिटिकल पार्टी राष्ट्रीय किसान मज़दूर संघ पार्टी बनाई थी। इस पार्टी से यह चुनाव भी लड़ चुके हैं। इसके अलावा यह वर्ष 2007 और वर्ष 2012 में एआईटीसी से टिकट लेकर भी चुनाव लड़े हैं।

➢ युद्धवीर सिंह सेहरावत

युद्धवीर सिंह सेहरावत ऑल इंडिया जट महासभा से संबंध रखते हैं। मूल रूप से खेती करने वाले युद्धवीर सिंह सेहरावत दिल्ली के महिपालपुर में रहते हैं। युद्धवीर सिंह सेहरावत ने पोस्ट ग्रेजुएशन पास किया हुआ है और यह पूर्व प्रधानमंत्री चौधरी चरण सिंह के साथ भी काम कर चुके हैं। यह राष्ट्रीय लोकदल के जनरल सेक्रेटरी भी रह चुके हैं।

➢ कविता कुरुगंटी

कविता कुरुगंटी आशा की राष्ट्रीय समन्वयक हैं। 27 साल से किसानों के अधिकार के लिए यह लड़ाई लड़ती आई हैं। इनका नेटवर्क देश के 23 राज्यों में है और क़रीब चार-सौ संगठन इनके अंदर काम करते हैं। कविता कुरुगंटी मूल रूप से बैंगलुरु में रहती हैं और वहीं से किसानों के हितों के लिए लगातार काम करती हैं। सरकार से मीटिंग के दौरान यह कई बार किसानों के मुद्दों को उठा चुकी हैं। हाल ही में बना महिला किसान अधिकार मंच की संस्थापक सदस्य भी कविता कुरुगंटी हैं।

➢ जगमोहन सिंह

जगमोहन सिंह भारत-पाकिस्तान की सीमा से लगे पंजाब के फिरोज़पुर ज़िले के करमा गाँव से हैं। वह भारतीय किसान यूनियन डकौंदा के नेता हैं, जिन्हें उगराहां संगठन के बाद दूसरा सबसे बड़ा संगठन कहा जा सकता है। जगमोहन पंजाब के सबसे सम्मानित किसान नेताओं में से एक हैं। वो सन् 1984 के सिख विरोधी नरसंहार के बाद पूर्णकालिक सामाजिक कार्यकर्ता बन गए। वो राज्य में चल रहे विभिन्न प्रदर्शनों में अग्रणी भूमिका निभा रहे हैं। किसान संघर्ष के प्रति उनकी ईमानदारी के कारण, उन्हें न केवल अपने संगठन में बल्कि कई अन्य संगठनों में सम्मान मिलता है। वर्तमान में वह तीस किसान संगठनों के गठबंधन में भी अग्रणी भूमिका निभा रहे हैं।

➢ सरवन सिंह पंधेर

सरवन सिंह पंधेर पंजाब के माझा क्षेत्र के एक प्रमुख युवा किसान नेता हैं। वो किसान मज़दूर संघर्ष समिति के महासचिव हैं। इस संगठन का गठन वर्ष 2000 में सतनाम सिंह पन्नू ने किया था। वो अभी भी इस संगठन का नेतृत्व करते हैं, लेकिन सरवन सिंह पंधेर कृषि आंदोलन में बड़ी भूमिका में नज़र आए हैं। उनके संगठन का मुख्य आधार दोआबा और मालवा के दस ज़िलों में है, जिसमें माझा के चार ज़िले शामिल हैं। सरवन सिंह पंधेर को तेज़ी से आगे बढ़ते आंदोलनकारी नेता के रूप में देखा जा रहा है। सरवन सिंह का गाँव अमृतसर ज़िले के पंधेर में है। वह एक स्नातक हैं और अपने छात्र जीवन से ही लोगों के आंदोलनों में शामिल रहे हैं।

उपरोक्त सभी वो किसान संगठन और किसान नेता हैं जिनका योगदान हमेशा किसानों की हित की लड़ाई में सक्रिय रहा है और जिन्होंने किसानों के अधिकार की माँग के लिए कई किसान आंदोलन व विरोध प्रदर्शन में हिस्सा लिया है। यही किसान संगठन एकजुट होकर नए कृषि कानूनों के विरोध में सरकार से लड़ रहे हैं। इन्हीं किसान संगठनों में से बहुत से ऐसे किसान नेता हैं, जो देश-विदेश में उभरता हुआ चेहरा बन गए हैं और इन्हीं में से एक नाम महेंद्र सिंह टिकैत के बेटे राकेश टिकैत का भी शामिल है। नए कृषि कानूनों के विरोध में हुए आंदोलन में राकेश टिकैत को किसानों का मसीहा व किसान आंदोलन के उभरते हुए महानायक के रूप में देखा जा सकता है।

भारत सरकार और किसान

आज़ादी के बाद से देश में सरकार और किसानों के बीच किसी न किसी बात को लेकर टकराव देखने को मिलता रहा है। किसानों ने अपनी माँगों को लेकर सरकार के विरोध में कई धरना प्रदर्शन, विरोध प्रदर्शन, आंदोलन, रैलियाँ आदि की हैं। किसान आंदोलनों का इतिहास काफ़ी पुराना रहा है। देश की स्वतंत्रता के बाद जैसे-जैसे वक्त बदलता गया, सरकारें आती-जाती रहीं, उसी तरह से तमाम किसान आंदोलन भी इतिहास के पन्नों में दर्ज होते चले गए। कहीं पर जीत सरकार की हुई, तो कहीं किसान जीत गए।

नवंबर, वर्ष 2020 को एक ऐसे कृषि आंदोलन की शुरुआत होती है, जो लंबे समय तक चलने वाले किसान आंदोलनों में से एक है। यह एक ऐसा आंदोलन है, जिसमें किसानों की एकजुटता देखने को मिली। देश के अलग-अलग राज्यों के किसान संगठन अपनी माँगों को लेकर एकजुट होकर आगे आए। जहाँ एक तरफ़ देशभर के किसान नए कृषि कानूनों को वापिस लेने की माँगों को लेकर डटे हुए हैं, तो दूसरी तरफ़ सरकार यह बात कह रही है कि इस कानून से सभी किसानों को फ़ायदा पहुँचेगा। केंद्र सरकार कानून के कुछ विवादास्पद हिस्सों में संशोधन के लिए तैयार है।

25 दिसंबर, 2020 बीबीसी रिपोर्ट के अनुसार, 'किसानों के लगातार जारी आंदोलन के बीच भारत सरकार इस बात पर ज़ोर दे रही है कि बदलाव किसानों की ज़िंदगी को बेहतर बनाएँगे। साल 2016 में प्रधानमंत्री और उनकी पार्टी बीजेपी ने वादा किया था कि वर्ष 2022 तक वो किसानों की आय को दोगुनी कर देंगे।'

22 जनवरी, 2020 बीबीसी रिपोर्ट के अनुसार, 'उत्तर प्रदेश के किसान नेता राकेश टिकैत कहते हैं, सरकार पर अब हमें भरोसा नहीं है। हमारे मन में ये सवाल है कि अगर सरकार ने डेढ़ साल बाद फिर इन कानूनों को लागू कर दिया, तो हम क्या करेंगे? हम सरकार के इस प्रस्ताव को खारिज करते हैं। अगर हमें आगे छह महीने और आंदोलन चलाना पड़ेगा तो हम चलाएँगे, लेकिन हम पीछे नहीं हटेंगे।'

क्या कहता है भारत सरकार का नया कृषि कानून?

भारत सरकार ने कृषि बिल से जुड़े हुए तीन नए कानून बनाए हैं। इनमें पहला है कृषक उपज ट्रेड और कॉमर्स (प्रोमोशन और सरलीकरण) कानून, 2020, दूसरा है कृषक (सशक्तिकरण व संरक्षण) क़ीमत आश्वासन और कृषि सेवा पर करार कानून, 2020

और तीसरा है आवश्यक वस्तु (अमेंडमेंट) कानून, 2020। तीनों कानूनों के बारे में विस्तार से जानकारी निम्नलिखित है-

- **कृषक उपज व्यापार और वाणिज्य (संवर्धन और सरलीकरण) विधेयक, 2020**

  इस कानून को लेकर सरकार का कहना है कि वह किसानों की उपज को बेचने के लिए विकल्प को बढ़ाना चाहती है। किसान इस कानून के ज़रिए अब एग्रीकल्चर प्रोड्यूस मार्केट कमेटी (एपीएमसी) मंडियों के बाहर भी अपनी उपज को ऊँचे दामों पर बेच पाएँगे। निजी ख़रीदारों से बेहतर दाम प्राप्त कर पाएँगे, लेकिन सरकार ने इस कानून के ज़रिए एपीएमसी मंडियों को एक सीमा में बाँध दिया है। इसके ज़रिए बड़े कॉर्पोरेट ख़रीदारों को खुली छूट दी गई है। बिना किसी पंजीकरण और बिना किसी कानून के दायरे में आए हुए वे किसानों की उपज ख़रीद-बेच सकते हैं।

  सरकार का कहना है कि हम मंडियों में सुधार के लिए यह कानून लेकर आ रहे हैं। किसानों और व्यापारियों को राज्यों में स्थित कृषि उत्पाद बाज़ार समिति से बाहर भी उत्पादों की ख़रीद-बिक्री की छूट प्रदान की गई है। इसका उद्देश्य व्यापार व परिवहन लागत को कम करके किसानों के उत्पाद को अधिक मूल्य दिलवाना तथा ई-ट्रेडिंग के लिए सुविधाजनक तंत्र विकसित करना है। केंद्र सरकार तीनों कानूनों के मसौदे को संसद में पेश करते वक्त ही स्पष्ट कर चुकी है कि न तो मंडियाँ बंद होंगी, न ही एमएसपी प्रणाली ख़त्म होने जा रही है। इस कानून के ज़रिए पुरानी व्यवस्था के साथ-साथ किसानों को नए विकल्प उपलब्ध कराए जा रहे हैं। किसानों के पास उत्पादों की बिक्री के लिए ज़्यादा विकल्प उपलब्ध होंगे। बिचौलियों का रास्ता बंद हो जाएगा। प्रतिस्पर्धी डिजिटल व्यापार को बढ़ावा मिलेगा और किसानों को उत्पादों की बेहतर क़ीमत मिल पाएगी। यह उनके लिए फ़ायदेमंद है।

- **कृषि (सशक्तिकरण और संरक्षण) क़ीमत आश्वासन और कृषि सेवा करार विधेयक, 2020**

  इस दूसरे कानून के संदर्भ में सरकार का कहना है कि वह किसानों और निजी कंपनियों के बीच में समझौते वाली खेती का रास्ता खोल रही है। इसे सामान्य भाषा में कॉन्ट्रैक्ट फार्मिंग कहते हैं। आप की ज़मीन को

एक निश्चित राशि पर एक पूंजीपति या ठेकेदार किराये पर लेगा और अपने हिसाब से फ़सल का उत्पादन कर बाज़ार में बेचेगा। किसानों को कृषि कारोबार करने वाली कंपनियों, प्रसंस्करण इकाइयों, थोक विक्रेताओं, निर्यातकों व संगठित खुदरा विक्रेताओं से सीधे जोड़ा जाएगा। कृषि उत्पादों का पहले ही दाम तय करके कारोबारियों के साथ करार की सुविधा प्रदान की जाएगी। पाँच हेक्टेयर से कम भूमि वाले सीमांत व छोटे किसानों को समूह व अनुबंधित कृषि का लाभ दिया जाएगा। देश के 86 फ़ीसदी किसानों के पास पाँच हेक्टेयर से कम ज़मीन है।

सरकार स्पष्ट कर चुकी है कि इस कानून का लाभ देश के 86 फ़ीसदी किसानों को मिलेगा। किसान जब चाहें अनुबंध तोड़ सकते हैं, लेकिन कंपनियाँ अनुबंध तोड़ती हैं, तो उन्हें जुर्माना अदा करना होगा। तय समय सीमा में विवादों का निपटारा होगा। खेत और फ़सल दोनों का मालिक हर स्थिति में किसान ही रहेगा। कृषि क्षेत्र में शोध व विकास कार्यक्रमों को बढ़ावा मिलेगा। अनुबंधित किसानों को सभी प्रकार के आधुनिक कृषि उपकरण मिल पाएँगे। उत्पाद बेचने के लिए मंडियों या व्यापारियों के चक्कर नहीं लगाने होंगे। खेत में ही उपज की गुणवत्ता जाँच, ग्रेडिंग, बैगिंग व परिवहन जैसी सुविधाएँ उपलब्ध होंगी। किसान को नियमित और समय पर भुगतान मिल सकेगा।

➤ **आवश्यक वस्तु संशोधन विधेयक, 2020**

इस कानून के अंतर्गत सरकार का प्रावधान है कि अनाज, दलहन, तिलहन, प्याज व आलू आदि को आवश्यक वस्तु की सूची से हटाया जाएगा। युद्ध जैसी अपवाद स्थितियों को छोड़कर इन उत्पादों के संग्रह की सीमा तय नहीं की जाएगी। कोल्ड-स्टोर व खाद्य प्रसंस्करण उद्योग में निवेश बढ़ेगा, क्योंकि वे अपनी क्षमता के अनुरूप उत्पादों का भंडारण कर सकेंगे। इससे किसानों की फ़सल बर्बाद नहीं होगी। फ़सलों को लेकर किसानों की अनिश्चितता ख़त्म हो जाएगी। व्यापारी आलू व प्याज जैसी फ़सलों की भी ज़्यादा ख़रीद करके उनका कोल्ड स्टोर में भंडारण कर सकेंगे। इससे फ़सलों की ख़रीद के लिए प्रतिस्पर्धा बढ़ेगी और किसानों को उनके उत्पादों की उचित क़ीमत मिल पाएगी।

कृषि क्षेत्र में निजी व प्रत्यक्ष विदेशी निवेश को बढ़ावा मिलेगा। कोल्ड स्टोर व खद्यान्न आपूर्ति शृंखला के आधुनिकीकरण में निवेश को प्रोत्साहन मिलेगा।

किसानों की फ़सल बर्बाद नहीं होगी और उन्हें समुचित क़ीमत मिलेगी। जब सब्जियों की क़ीमत दोगुनी हो जाएगी या ख़राब न होने वाले अनाज का मूल्य पचास फ़ीसदी बढ़ जाएगा, तो सरकार भंडारण की सीमा तय कर देगी। इस प्रकार किसान व ख़रीदार दोनों को फ़ायदा होगा।

नए कृषि कानूनों पर क्या है किसानों की राय?

नए कृषि कानूनों को वापिस लेने की माँग को लेकर किसानों का कहना है कि सरकार अपनी ज़िम्मेदारी से बचना चाह रही है। कृषि सुधार के नाम पर किसानों को निजी बाज़ार के हवाले कर रही है। हाल ही में देश के बड़े पूंजीपतियों ने रीटेल ट्रेड में आने के लिए कंपनियों का अधिग्रहण किया है। सबको पता है कि पूँजी से भरे ये लोग एक समानांतर मज़बूत बाज़ार खड़ा कर देंगे। जिस तरह से मज़बूत निजी टेलीकॉम कंपनियों के आगे बीएसएनल समाप्त हो गई, ठीक वैसे ही बची हुई मंडियाँ इनके प्रभाव के आगे ख़त्म होने लगेंगी। इसके साथ ही एमएसपी की पूरी व्यवस्था धीरे-धीरे ख़त्म हो जाएगी। इसका कारण है कि मंडियाँ ही एमएसपी को सुनिश्चित करती हैं। अगर मंडियाँ ख़त्म हो गईं, तो फिर किसान औने-पौने दाम पर अपनी फ़सल बेचेगा और धीरे-धीरे सरकार बंधन से मुक्त हो जाएगी।

आवश्यक वस्तु संशोधन कानून, 2020 से सामान्य किसानों को एक फ़ायदा नहीं है। इस देश के किसान गोदाम बनवाकर नहीं रखते हैं कि सही दाम तक इंतज़ार कर सकेंगे। सरकारों ने भी इतने गोदाम नहीं बनवाएँ हैं। किसानों को अगली फ़सल की चिंता होती है, तो जो बाज़ार में दाम चल रहा होगा उस पर बेच आएँगे, लेकिन फ़ायदा उन पूँजीपतियों को ज़रूर हो जाएगा, जिनके पास भंडारण व्यवस्था बनाने के लिए एक बड़ी पूँजी उपलब्ध है। वे अब आसानी से सस्ती उपज ख़रीद कर स्टोर करेंगे और जब दाम आसमान छूने लगेंगे, तो बाज़ार में बेचकर लाभ कमाएँगे।

किसानों को सहारे की ज़रूरत है। सरकार वर्ष 2022 तक किसानों की आय दोगुनी करने का वादा कर चुकी है। यह देश के चौदह करोड़ कृषि परिवारों का सवाल है। शांता कुमार समिति कहती है कि महज छह फ़ीसदी किसान ही एमएसपी का लाभ उठा पाते हैं। बाक़ी 94 फ़ीसदी बाज़ार और बिचौलियों पर ही निर्भर रहते हैं।

किसानों को आशंकाएँ हैं कि किसान अगर सरकारी मंडियों के बाहर उत्पाद बेचेंगे, तो राज्यों को राजस्व का नुकसान होगा। कमीशन एजेंट बेरोज़गार हो जाएँगे। न्यूनतम समर्थन मूल्य (एमएसपी) आधारित ख़रीद प्रणाली ख़त्म हो जाएगी। फ़सलों

की सरकारी ख़रीद के साथ-साथ ई-ट्रेडिंग बंद हो जाएगी। असामान्य परिस्थितियों के लिए तय की गई क़ीमत की सीमा इतनी अधिक होगी कि उसे हासिल करना आम आदमी के वश में नहीं होगा। बड़ी कंपनियाँ आवश्यक वस्तुओं का भंडारण करेंगी। यानी कंपनियाँ किसानों पर शर्तें थोपेंगी, जिससे उत्पादकों को कम क़ीमत मिलेगी। अनुबंधित कृषि समझौते में किसानों का पक्ष कमज़ोर होगा। वे मोलभाव नहीं कर पाएँगे। प्रायोजक शायद छोटे व सीमांत किसानों की बड़ी संख्या को देखते हुए उनसे परहेज करें। बड़ी कंपनियाँ, निर्यातक, थोक विक्रेता व प्रसंस्करण इकाइयाँ किसी भी प्रकार के विवाद का लाभ उठाना चाहेंगी। कृषि क्षेत्र भी पूंजीपतियों या कॉर्पोरेट घरानों के हाथों में चला जाएगा।

सरकार का तर्क है कि नए कानून से किसानों को ज़्यादा विकल्प मिलेंगे और क़ीमत को लेकर भी अच्छी प्रतिस्पर्धा होगी। इसके साथ ही कृषि बाज़ार, प्रोसेसिंग और आधारभूत संरचना में निजी निवेश को बढ़ावा मिलेगा। जबकि किसानों को लगता है कि नए कानून से उनकी मौजूदा सुरक्षा भी छिन जाएगी।

वर्ल्ड बैंक की रिपोर्ट के अनुसार, 'भारत में चालीस प्रतिशत से अधिक काम करने वाले लोग खेती से जुड़े हुए हैं। ग्रामीण भारत की घरेलू आय से जुड़े हाल के कोई आँकड़े नहीं है, लेकिन कृषि मज़दूरी, जो कि ग्रामीण आय का एक अहम हिस्सा है, उससे जुड़े कुछ आँकड़े मौजूद हैं। इसके मुताबिक़ वर्ष 2014 से 2019 के बीच विकास की दर धीमी हुई है।'

वर्ष 2016 में नेशनल बैंक फॉर एग्रीकल्चर एंड रूरल डेवलपमेंट ने एक सरकारी सर्वे में पाया था कि तीन सालों में किसानों का कर्ज़ क़रीब दोगुना बढ़ गया था। केंद्र और राज्य सरकारों की तरफ़ से पिछले कुछ सालों में कोशिश की गई है कि किसानों को सीधे वित्तीय सहायता दी जाए और दूसरे कदम उठाकर भी मदद की जाए, जैसे कि उर्वरक और बीज पर सब्सिडी और कुछ क्रेडिट स्कीम देना। वर्ष 2019 में केंद्र सरकार ने ऐलान किया था कि आठ करोड़ लोगों की केश ट्रांसफर से मदद ली जाएगी। इस स्कीम के तहत केंद्र सरकार ने यह भी ऐलान किया था कि किसानों को प्रति वर्ष छह हज़ार रुपये की सहायता भी प्रदान की जाएगी।

केंद्र सरकार का कहना है कि असल में नया कानून किसानों के हित की ही बात करता है, क्योंकि अब किसान अपनी फ़सलें निजी कंपनियों को बेच सकेंगे और ज़्यादा पैसे कमा सकेंगे, लेकिन किसान संगठनों ने इस ऑफर को इस विनय पर ख़ारिज किया

है कि ये तो कभी माँग ही नहीं रही। किसान संगठनों का कहना है कि नए कानूनों के बाद उनकी उपज के कम दाम मिलेंगे, जिससे खेती की लागत भी नहीं निकलेगी।

कृषि आंदोलन के चलते सरकार और किसानों के बीच कई बैठकें हुईं। सरकार किसानों को आश्वस्त कर रही थी कि कानून बहुत अच्छे हैं और इससे उन्हें लाभ होगा, लेकिन जैसे-जैसे आंदोलन तेज़ हुआ, सरकार ने कानूनों में संशोधन करने का विचार बनाया, लेकिन जब किसान अपनी बात पर कायम रहे, तो सरकार डेढ़ साल के लिए कानूनों को स्थगित करने के लिए तैयार हो गई। फिर भी किसान अपनी बात पर अड़े रहे और उन्होंने यह स्पष्ट कर दिया कि वह कृषि कानूनों के निरस्त होने तक अपना आंदोलन जारी रखेंगे।

□

किसान आंदोलन में टिकैत की भूमिका

कृषि आंदोलन के चलते हरियाणा, पंजाब और देश के विभिन्न राज्यों के किसान संगठनों व किसानों के साथ-साथ एक और नाम जो मुख्य तौर पर उभरा है वह है भारतीय किसान यूनियन (बीकेयू) के राष्ट्रीय प्रवक्ता राकेश टिकैत का। भारतीय किसान यूनियन एक ऐसा किसान संगठन है, जिसकी पहचान पूरे देश में है। इस संगठन के अध्यक्ष राकेश टिकैत के बड़े भाई नरेश टिकैत हैं, लेकिन राकेश टिकैत ही व्यावहारिक तौर पर यूनियन से जुड़े फ़ैसले लेते हैं। राकेश टिकैत बड़े किसान नेता और भारतीय किसान यूनियन के अध्यक्ष रहे स्वर्गीय महेंद्र सिंह टिकैत के दूसरे बेटे हैं।

किसान आंदोलन में राकेश टिकैत की भूमिका एक ऐसे व्यावहारिक नेता की है, जो धरना-प्रदर्शनों के साथ-साथ किसानों के व्यावहारिक हित की भी बात रखते हैं। किसान नेता महेंद्र सिंह टिकैत के बेटे राकेश टिकैत के पास इस समय भारतीय किसान यूनियन की कमान है और यह संगठन उत्तर प्रदेश और उत्तर भारत के साथ-साथ पूरे देश में सक्रिय है।

जीवन परिचय

भारतीय किसान यूनियन के नेता राकेश टिकैत का जन्म 4 जून, सन् 1969 को मुज़फ़्फ़रनगर, जनपद के सिसौली नाम के गाँव में एक किसान परिवार में हुआ था। यह टिकैत परिवार का पैतृक गाँव है। उनके पिता महेंद्र सिंह टिकैत उत्तर प्रदेश के लोकप्रिय किसान नेता रहे। पश्चिमी उत्तर प्रदेश के लोग महेंद्र सिंह टिकैत को 'बाबा टिकैत' या 'महात्मा टिकैत' के नाम से भी पुकारते हैं। महेंद्र सिंह टिकैत भारतीय किसान यूनियन के अध्यक्ष भी थे और लगभग पच्चीस साल तक वे किसानों की समस्याओं को लेकर संघर्ष करते रहे। ऐसा कहा जाता है कि सन् 1985 तक महेंद्र सिंह टिकैत को कम ही लोग जानते थे, लेकिन उसके बाद स्थानीय स्तर पर बिजली

के दाम और उससे जुड़ी हुई समस्याओं को लेकर कुछ प्रदर्शन हुए, जिनमें प्रशासन से टकराव के बाद युवा किसानों ने बाबा टिकैत से उनका नेतृत्व करने के लिए आग्रह किया। महेंद्र सिंह टिकैत ज़िम्मेदारी लेते हुए नौजवानों के साथ खड़े हो गए।

उनकी सबसे बड़ी ताक़त थी कि वे अंत तक धर्म-निरपेक्षता का पालन करते रहे। महेंद्र सिंह टिकैत की बिरादरी के किसानों के अलावा खेती करने वाले मुसलमान भी उनकी एक आवाज़ पर उठ खड़े होते थे और इसी के दम पर उन्होंने उस 'विशेष जगह' को भरने का काम किया, जो किसान-मसीहा कहे जाने वाले चौधरी चरण सिंह के बाद ख़ाली हुई थी। महेंद्र सिंह टिकैत खड़ी बोली में ही बात करते थे। वह एक सामान्य किसान थे, जिनका जीवन अपने गाँव में ही गुज़रा। किसान आंदोलनों के कारण और अपने बयानों की वजह से कई बार सरकारों के साथ उनका टकराव हुआ। एक बार उत्तर प्रदेश के पूर्व मुख्यमंत्री मुलायम सिंह यादव ने महेंद्र सिंह टिकैत को गिरफ़्तार करवा लिया था और मायावती ने भी उन्हें गिरफ़्तार करने के लिए पुलिस भेजी, लेकिन पुलिस असफल रही। इस तरह की घटनाओं ने महेंद्र सिंह टिकैत की लोकप्रियता को हर बार और बढ़ाया।

जब भी महेंद्र सिंह टिकैत की बात होती है, तो सन् 1988 में दिल्ली के बोट क्लब में हुए किसानों के प्रदर्शन को ज़रूर याद किया जाता है। इस प्रदर्शन के बाद बोट क्लब के क़रीब प्रदर्शन करने पर ही रोक लगा दी गई थी। उस समय लगभग पाँच लाख किसान दिल्ली चले आये थे और कुर्ता-धोती पहने किसानों की एक पूरी फौज बोट क्लब पर जमा हो गई थी। इन किसानों का नेतृत्व बाबा टिकैत कर रहे थे। दिल्ली के शहरी लोग इस बात से ज़रा चिढ़ते थे, क्योंकि किसानों ने उनकी आइसक्रीम खाने और घूमने की जगह पर क़ब्ज़ा कर लिया था। उस समय की सरकार अब की तुलना में थोड़ी लचीली थी और विभिन्न पक्षों को सुना जाता था।

टिकैत परिवार मूल रूप से किसान और खेती करने वाला परिवार है। महेंद्र सिंह टिकैत के छोटे भाई भोपाल सिंह टिकैत दिल्ली में अध्यापक थे। गाँव में खेती का काम महेंद्र सिंह टिकैत ही संभालते रहे। उनके घर चार लड़के नरेश टिकैत, राकेश टिकैत, नरेन्द्र टिकैत, सुरेन्द्र टिकैत और तीन लड़कियों का जन्म हुआ। नरेश टिकैत को जवानी में सौ और दो-सौ मीटर रेस का चैम्पियन कहा जाता था। वर्तमान में नरेश टिकैत भारतीय किसान यूनियन के राष्ट्रीय अध्यक्ष हैं और इलाके की एक बड़ी खाप पंचायत 'बालियान खाप' के मुखिया भी हैं। बालियान खाप में मुज़फ़्फ़रनगर ज़िले के अस्सी से अधिक गाँव शामिल हैं।

राकेश टिकैत ने मेरठ विश्वविद्यालय से एम.ए. तक की पढ़ाई की है और ऐसा कहा जाता है कि उनके पास वकालत की डिग्री भी है। राकेश टिकैत सन् 1985 में दिल्ली पुलिस में बतौर कांस्टेबल भर्ती हुए थे और कुछ समय के बाद उनका प्रमोशन हुआ और वे कांस्टेबल से सब-इंस्पेक्टर बन गए। उसी दौर में उनके पिता महेंद्र सिंह टिकैत का आंदोलन अपने चरम पर था। वे किसानों के लिए बिजली के दाम कम करने की माँग कर रहे थे। सरकार उनसे परेशान थी, क्योंकि उन्हें बड़ा जन-समर्थन प्राप्त था। उसी समय राकेश टिकैत पर अपने पिता से आंदोलन ख़त्म कराने का दबाव बनाया गया, लेकिन राकेश टिकैत ने नौकरी छोड़कर अपने पिता के आंदोलन में शामिल होने का निर्णय लिया और वह भारतीय किसान यूनियन (बीकेयू) के सदस्य के रूप में विरोध प्रदर्शन में शामिल हो गए। अब वे भारतीय किसान यूनियन के राष्ट्रीय प्रवक्ता हैं और उनका संगठन किसानों के संयुक्त मोर्चे में भी शामिल है।

नरेन्द्र और सुरेन्द्र टिकैत स्थानीय शुगर मिलों में काम करते हैं और खेती का काम भी संभालते हैं। टिकैत परिवार ने बीते दो दशकों में अपनी खेती की ज़मीन और पहचान, दोनों ही बढ़ा लिए हैं। टिकैत परिवार के चारों भाइयों में से नरेश टिकैत और राकेश टिकैत की सार्वजनिक पहचान और लोकप्रियता बाकियों से ज़्यादा मज़बूत है। टिकैत परिवार के मुताबिक़, ये दोनों भाई ही सरकारी नौकरियों के लिए चुने गए थे, मगर दोनों ने ही नौकरी को छोड़कर खेती से जुड़े रहकर अपने पिता की विरासत को आगे ले जाने का निर्णय लिया। किसान आंदोलनों में शामिल होने की वजह से राकेश टिकैत कई बार जेल भी जा चुके हैं। मध्य प्रदेश में एक समय किसान के भूमि अधिकरण कानून के ख़िलाफ़ उनको 39 दिनों तक जेल में रहना पड़ा था। उसके उपरांत दिल्ली में लोकसभा के बाहर किसानों के गन्ना मूल्य बढ़ाने हेतु सरकार के ख़िलाफ़ प्रदर्शन किया और गन्ना को जला दिया था, जिसकी वजह से उन्हें तिहाड़ जेल भेज दिया गया था। राकेश टिकैत ने राजस्थान में भी किसानों के हित में बाजरे के मूल्य बढ़ाने के लिए सरकार से माँग की थी। सरकार द्वारा माँग न मानने पर टिकैत ने सरकार के ख़िलाफ़ प्रदर्शन किया था, जिस वजह से उन्हें जयपुर जेल में जाना पड़ा था।

राकेश टिकैत में अपने पिता महेंद्र सिंह टिकैत की छवि देखने को मिलती है। ऐसा कहा जाता है कि राकेश टिकैत पूर्ण रूप से शाकाहारी हैं और उन्होंने लगभग पंद्रह वर्षों से पैक्ड चीज़ों का सेवन नहीं किया है। वह सभी को इन चीज़ों से बचने के लिए कहते हैं। वो कई तरह के व्रत भी रखते हैं और बिना पानी पिये 48 घंटे तक

रह लेते हैं। राकेश टिकैत ने 75 साल की उम्र तक ब्लड डोनेट करते रहना का प्रण लिया है। वे साल में चार बार ब्लड डोनेट करते हैं और वे बहुत ही भावुक व्यक्ति हैं।

राकेश टिकैत के पिता चौधरी महेंद्र सिंह टिकैत का एक लंबी बीमारी के बाद वर्ष 2011 में निधन हो गया था। उन्होंने अपने दौर में किसानों के लिए कई मोर्चे खोले। उन्होंने हमेशा इस बात की कोशिश की कि वे राजनीति से दूर रहें। वे बार-बार इस बात पर ज़ोर देते रहे कि वो किसानों के एक सामाजिक संगठन का नेतृत्व करते हैं, लेकिन उनके बेटे राकेश टिकैत ने राजनीति से परहेज नहीं रखा। वर्ष 2007 में वे पहली बार मुज़फ़्फ़रनगर के बुढ़ाना विधानसभा सीट से निर्दलीय चुनाव लड़े, लेकिन इस चुनाव में उन्हें सफलता नहीं मिली। उसके बाद टिकैत ने वर्ष 2014 में अमरोहा लोकसभा क्षेत्र से चौधरी चरण सिंह की पार्टी राष्ट्रीय लोक दल के टिकट पर चुनाव लड़ा, लेकिन वहाँ पर भी उन्हें हार का सामना करना पड़ा। राकेश टिकैत यह जानते हैं कि उनकी दो ताक़त हैं। पहली तो है किसानों का केडर और दूसरी है खाप नामक सामाजिक संगठन। दोनों में ही टिकैत परिवार का काफ़ी सम्मान है।

राकेश टिकैत के बड़े भाई नरेश टिकैत भारतीय किसान यूनियन के इसलिए अध्यक्ष हैं क्योंकि वो बड़े हैं, लेकिन यूनियन के अधिकांश निर्णायक फ़ैसले राकेश टिकैत ही लेते हैं। बीते समय में जैसे-जैसे भारतीय किसान यूनियन का प्रभाव बढ़ा है, राकेश टिकैत को क्षेत्रीय राजनीति पर अपना प्रभाव साबित करते देखा गया है। वर्ष 2019 के लोकसभा चुनाव से पहले किसानों की ट्रैक्टर रैली को लेकर राकेश टिकैत दिल्ली गेट तक आ गये थे। उस समय भी किसानों और दिल्ली पुलिस के बीच ज़बरदस्त टकराव देखने को मिला था। बालियान खाप का सदस्य होने के नाते बीजेपी के नेता और केंद्रीय मंत्री रहे संजीव बालियान से टिकैत परिवार के पारिवारिक संबंध हैं। वहीं ज़िला मुज़फ़्फ़रनगर के लोग चौधरी चरण सिंह के वारिस चौधरी अजित सिंह के वर्ष 2019 लोकसभा चुनाव में बीजेपी नेता संजीव बालियान से हारने की एक वजह राकेश टिकैत को भी मानते हैं। ऐसा कहा जाता है कि राकेश टिकैत ने अजित सिंह के ख़िलाफ़ बालियान को चुनाव लड़ाया था।

राकेश टिकैत का विवाह सन् 1985 में बागपत, जनपद के दादरी गाँव की सुनीता देवी से हुआ था। इनका एक पुत्र चरण सिंह और दो पुत्री सीमा और ज्योति हैं। इनके सभी संतानों की शादी हो चुकी है। भारतीय किसान यूनियन की नींव सन् 1987 में उस समय रखी गई थी, जिस समय बिजली के दाम को लेकर किसानों ने शामली जनपद के करमुखेड़ी में महेंद्र सिंह टिकैत के नेतृत्व में एक बड़ा आंदोलन किया था।

इस आंदोलन में दो किसान जयपाल और अकबर पुलिस की गोली लगने से मारे गए थे। उसके बाद भारतीय किसान यूनियन का गठन किया गया था। इस यूनियन का पहला अध्यक्ष स्वर्गीय चौधरी महेंद्र सिंह टिकैत को बनाया गया था।

आंदोलन में भूमिका

किसान आंदोलनों व किसानों के हित की लड़ाई में भारतीय किसान यूनियन के राष्ट्रीय प्रवक्ता राकेश टिकैत की भूमिका हमेशा से ही अहम रही है। वह अपने पिता चौधरी महेंद्र सिंह टिकैत के दौर से ही किसान आंदोलनों में अपनी सक्रिय भूमिका निभा रहे हैं। पिता महेंद्र सिंह अपने पुत्र राकेश टिकैत को धूम सिंह कहते थे। उन्होंने कहा था कि धूम सिंह किसान आंदोलन को बहुत ऊपर तक लेकर जाएगा। किसान आंदोलनों से पूरे देश में अपनी पहचान बनाने वाले राकेश टिकैत अब नए कृषि कानूनों के ख़िलाफ़ चल रहे आंदोलन को पंजाब, हरियाणा और पश्चिमी उत्तर प्रदेश से निकाल कर देश के दूसरे हिस्सों में भी मज़बूत करने में जुटे हैं। राकेश टिकैत की योजना उत्तर प्रदेश, मध्य प्रदेश, राजस्थान से लेकर महाराष्ट्र तक कई किसान पंचायत करके किसान आंदोलन को पूरे भारत में मज़बूत बनाने की है। यही वजह है कि राकेश टिकैत पश्चिमी उत्तर प्रदेश से निकलकर उत्तरी भारत के बड़े किसान नेता बनते जा रहे हैं।

एक बार राकेश टिकैत के पिता महेंद्र सिंह टिकैत ने कहा था कि 'किसानों को अपनी एक निगाह खेत पर और दूसरी निगाह दिल्ली पर रखनी चाहिए। उनका कहने का अर्थ यह था कि किसानों को राजनीतिक तौर पर भी संगठित और मज़बूत रहना चाहिए, तभी सरकारें उनके हित में काम करेंगी।'

राकेश टिकैत का किसान आंदोलनों में पुराना इतिहास रहा है। पिता के निधन के बाद संगठन की ज़िम्मेदारी बड़े भाई नरेश टिकैत को मिली, लेकिन संगठन के सभी फ़ैसलों में राकेश टिकैत की बड़ी भूमिका होती है। किसानों के हितों के लिए आंदोलन करने का उनका पारिवारिक इतिहास रहा है। टिकैत परिवार में किसान आंदोलनों की शुरुआत सबसे पहले चौधरी महेंद्र सिंह टिकैत ने की थी। इसके बाद फिर उनके बेटों राकेश टिकैत और नरेश टिकैत ने किसान आंदोलनों की कमान संभाल ली और कई किसान आंदोलन किए। वर्तमान में राकेश टिकैत नए कृषि कानूनों को वापिस लेने की माँग को लेकर आंदोलन में जुटे हुए हैं। कृषि कानूनों के ख़िलाफ़ चल रहा किसानों का आंदोलन पूरी तरह से भारतीय किसान यूनियन के नेता राकेश टिकेट पर टिक गया है। दिल्ली के गाज़ीपुर बॉर्डर पर भारतीय किसान यूनियन के नेता राकेश टिकैत

अब किसानों के महानायक की भूमिका में आ गए हैं। पश्चिमी उत्तर प्रदेश, हरियाणा, पंजाब आदि कई राज्यों से किसानों का उन्हें समर्थन मिल रहा है।

उत्तर प्रदेश की किसान राजनीति का ये वो दौर है, जो 33 साल बाद फिर सामने है। सन् 1988 में राकेश टिकैत के पिता चौधरी महेंद्र सिंह टिकैत ने दिल्ली में ऐसा ही डेरा डाला था और उस समय की राज़ीव गाँधी सरकार को उनके सामने झुकना पड़ा था। क्या राकेश टिकैत अब वही कर पाएँगे, जो उस समय उनके पिता बाबा टिकैत ने किया था? 25 अक्टूबर, सन् 1988 के दिन राजधानी के बोट क्लब पर सात लाख से ज़्यादा किसानों को संबोधित करते हुए भारतीय किसान यूनियन के नेता महेंद्र सिंह टिकैत ने कहा था, 'ख़बरदार इंडिया वालों! दिल्ली में भारत आ गया है।' जैसे ही यह आवाज़ गूँजी, पूरी दिल्ली में भूचाल-सा आ गया था। लुटियन ज़ोन में अजीब-सी बेचैनी छा गई। बोट क्लब पर सैकड़ों पुलिस वाले भी खड़े थे। विस्फोटक स्थिति बन रही थी। दिल्ली पहली बार एक सशक्त किसान नेता को देख रही थी। बोट क्लब और इंडिया गेट पर ही किसान खाने के लिए भट्ठियाँ सुलगाने लगे। हुक्के की गुड़गुड़ाहट के बीच उन्होंने साफ़ कर दिया था कि जब तक उनकी माँगें पूरी नहीं होतीं, वह दिल्ली से नहीं हिलेंगे। उनकी माँग थी गन्ने का अधिक समर्थन मूल्य और मुफ़्त बिजली-पानी। उस समय देश के प्रधानमंत्री राज़ीव गाँधी थे। पहली बार सरकार के सामने ऐसी कोई स्थिति आई थी। राजधानी में लाखों किसानों की मौज़ूदगी ने सरकार के पसीने छुड़ा दिए थे। हर दिन कोई न कोई राजनेता महेंद्र सिंह टिकैत से मिलने के लिए जाता।

सरकार इस परेशानी से जल्द निकलना चाहती थी। उस समय सरकार की तरफ़ से केंद्रीय मंत्री रामनिवास मिर्धा बात कर रहे थे। मिर्धा बहुत समझदार नेता थे। सरकार को जब लगा कि अब किसानों के सामने झुकने के अलावा दूसरा कोई चारा नहीं बचा है, तो सरकार ने किसानों की माँगें मान लीं।

किसान आंदोलन में एक नया अध्याय लिखने वाले महेंद्र सिंह टिकैत ने सन् 1987 में भारतीय किसान यूनियन का गठन किया था। उस समय पश्चिमी उत्तर प्रदेश के किसानों के मसीहा कहे जाने वाले पूर्व प्रधानमंत्री चौधरी चरण सिंह बीमार थे और एक ऐसी आवाज़ की कमी महसूस की जा रही थी, जो सियासत में अन्नदाताओं की बात उठा सके। यही कमी पूरी की थी देश की बड़ी खाप बालियान के मुखिया चौधरी महेंद्र सिंह टिकैत ने। अब उन्हीं की विरासत संभाल रहे हैं, उनके बड़े बेटे नरेश टिकैत और छोटे बेटे राकेश टिकैत।

राकेश टिकैत की संगठन क्षमता अद्‌भुत है। उनके निर्णय लेने के कौशल अंदाज़ और किसानों के हक़ में आवाज़ बुलंद करने के जज़्बे ने उनको किसान आंदोलन का सिरमौर बना दिया है। नए कृषि कानूनों के ख़िलाफ़ पूरा आंदोलन फिलहाल राकेश टिकैत के इर्द-गिर्द ही घूम रहा है। राकेश टिकैत का इस कृषि आंदोलन को धार देने और इसकी एक नई पहचान बनाने का काम उनके पिता चौधरी महेंद्र सिंह टिकैत के विचारों ने किया है। सरकार और किसान संगठन अपने-अपने रुख पर अडिग हैं। इस आंदोलन के चलते राकेश सिंह टिकैत पर अपने पिता महेंद्र सिंह टिकैत का प्रभाव देखने को मिला रहा है, जो उनकी याद दिलाता है। उन्होंने किसान आंदोलन के स्वरूप को व्यापक और आक्रमक बनाने में बड़ी भूमिका निभाई थी। इससे पहले राजनीतिक दलों के किसान संगठन प्रतीकात्मक धरना-प्रदर्शन और हड़ताल आयोजित करते थे। सभी दल इस मोर्चे पर अपनी गतिविधियाँ संचालित करते थे, लेकिन किसी भी दल का किसान संगठन कोई बड़ा आंदोलन संचालित करने में क़ामयाब नहीं रहा।

चौधरी महेंद्र सिंह टिकैत का जन्मस्थान मुज़फ़्फ़रनगर जनपद देश के समृद्ध ज़िलों में शुमार रहा है। ब्रिटिश शासनकाल से पानी के वितरण का ऐसा सुनियोजित तंत्र कम जगह पर उपलब्ध है, जैसा गंगा-जमुना के बीच कृषि क्षेत्र का है। गेहूँ, धान, गन्ना, मक्का, सब्जी, फल आदि के उत्पादन ने इस क्षेत्र को आर्थिक रूप से काफ़ी शक्तिशाली बना दिया है। अगर यह कहा जाए कि इस क्षेत्र की शत प्रतिशत भूमि सिंचित है, तो कोई आश्चर्य नहीं होगा। चौधरी चरण सिंह की लंबी बीमारी और मृत्यु के बाद से किसान राजनीति के ख़ालीपन को भरने का काम चौधरी महेंद्र सिंह टिकैत ने बख़ूबी किया। 27 जनवरी, सन् 1987 को मुज़फ़्फ़रनगर के शामली शहर के पास करमूखेड़ी बिजली घर पर बिजली के बढ़े दामों के विरुद्ध चल रहे धरने को वीर बहादुर सिंह सरकार की अदूरदर्शिता ने राष्ट्रीय आंदोलन में तब्दील कर दिया। इससे पहले 17 अक्टूबर, सन् 1986 में सिसौली में एक महापंचायत हुई थी, जिसमें सभी जाति एवं धर्मों की खापों के चौधरियों और किसानों ने उन्हें अपना नेता और किसान यूनियन अध्यक्ष चुन लिया। दहेज प्रथा और मृत्यु भोज से जुड़े दिखावों, नशाखोरी, भ्रूण हत्या जैसी बुराइयों से जुड़ते-जुड़ते ये आंदोलन चौधरी टिकैत की शक्ल में किसान क्रांति का घोषणापत्र बन गया।

अपनी बात को आक्रामक तरीक़े से रखने के अंदाज़ ने भी महेंद्र सिंह टिकैत को लोकप्रीय बनाया। चौधरी देवीलाल जब जनता दल के गठन के प्रयास में लगे थे, तो उन्होंने फरीदाबाद के सूरजकुंड स्थित गेस्ट हाउस में सभी विपक्षी दलों के प्रमुख

नेताओं को आमंत्रित किया। मीटिंग में वी.पी. सिंह, अरुण नेहरू, रामधन, सत्यपाल मलिक, मुफ़्ती मोहम्मद सईद, रामकृष्ण हेगड़े, मधु दंडवते, शरद यादव आदि मौजूद थे। मीटिंग के दौरान सूचना मिली कि चौधरी महेंद्र सिंह टिकैत भी बैठक में शामिल होने आ गए हैं। उनके साथ कई दर्जन कार्यकर्ता थे और वे ज़िद कर रहे थे कि सभी को प्रवेश दें। काफ़ी मान-मनोबल के बाद दो प्रतिनिधि अंदर आए। उन्होंने आते ही अपने संबोधन में नेताओं पर प्रहार शुरू कर दिए कि अंदर बिना जनाधार के नेताओं का जमघट लगा है और जनाधार वाले नेताओं को अंदर नहीं आने दिया जा रहा है। बाद में जनता सरकार के गठन के बाद उन्होंने चौधरी देवीलाल को सिसौली आमंत्रित किया। चौधरी देवीलाल सिसौली पधारे, लेकिन सभी के आश्चर्य का ठिकाना नहीं रहा, जब टिकैत ने अपने संबोधन में देवीलाल के उप-प्रधानमंत्री से उप हटा दिया और घोषणा की कि किसानों के प्रधानमंत्री चौधरी देवीलाल हैं और उनकी राजधानी दिल्ली नहीं सिसौली है। इस प्रकार का आचरण उन्होंने मुलायम सिंह के मुख्यमंत्री काल में अपने सिसौली आवास पर भी किया।

चौधरी महेंद्र सिंह टिकैत ने यही आक्रामक शैली आंदोलन में भी जारी रखी। हुक्का, राशन-पानी और कपड़े-लत्ते के साथ धरने का चलन उनकी ही देन है। 27 जनवरी से 19 फरवरी, सन् 1988 तक उन्होंने मेरठ कमिश्नरी पर पहला धरना दिया था। इस धरने में लगभग पाँच लाख लोग शामिल हुए थे। सबके खाने-पीने आदि चीज़ों की व्यवस्था वे स्वयं करते थे। राज़ीव गाँधी के दूत के रूप में राजेश पायलट वार्ताकार नियुक्त हुए, उनकी माँगे मानी गई और धरना समाप्त हुआ।

चौधरी चरण सिंह के निधन के बाद पश्चिमी उत्तर प्रदेश में एक बहुत बड़ा राजनीतिक शून्य पैदा हुआ। उसी दौरान उत्तर प्रदेश की सरकार ने किसानों को दी जाने वाली बिजली के दाम बढ़ा दिए। किसानों ने उसके विरोध में प्रदर्शन शुरू कर दिया। महेंद्र सिंह टिकैत बालियान खाप के चौधरी थे, इसलिए उनको आगे किया गया। उस प्रदर्शन में पुलिस की गोली से दो लोग मारे गए। उस घटना से महेंद्र सिंह टिकैत को अचानक किसानों का नेता बना दिया गया। जब उन्होंने भारतीय किसान यूनियन बनाई, तो बड़े और मोटे अक्षरों में लिख दिया 'अराजनीतिक' अर्थात हमारा राजनीति से कोई संबंध नहीं है। किसी भी राजनीतिक दल को उन्होंने अपने मंच पर आने नहीं दिया। एक बार गायत्री देवी और उनके बेटे अजित सिंह जब उनके मंच के पास पहुँचे, तो उन्होंने हाथ जोड़कर कहा कि हमारे मंच पर कोई राजनीतिक व्यक्ति नहीं आ सकता।

महेंद्र सिंह टिकैत की ख़ासियत थी कि वो सर्वसुलभ थे। जब टिकैत अपनी

लोकप्रियता के चरम पर थे, तब भी वो अपने हाथों से खेती किया करते थे। वो ठेठ गाँव की भाषा में हर व्यक्ति से संवाद करते थे। शहरी बोली बोलना उन्हें नहीं आता था। सन् 1987 में जिस समय मेरठ में बहुत ख़ौफ़नाक सांप्रदायिक दंगे हुए थे और ये दंगे लगभग तीन महीने तक चले थे, लेकिन टिकैत ने मेरठ शहर की सीमा के बाहर इन दंगों को जाने नहीं दिया था। उन्होंने गाँव-गाँव जाकर पंचायत की तथा हिंदुओं और मुसलमानों को एकजुट रखा। उनके मंच पर हमेशा एक मुसलमान नेता होता था। वो खुद मंच पर नहीं बैठते थे। हमेशा किसानों के साथ नीचे बैठते थे और मंच पर भाषण देकर फिर किसानों के बीच चले जाते थे।

दिल्ली आने से पहले उन्होंने शामली, मुज़फ़्फ़रनगर और मेरठ में बहुत बड़े धरने दिए थे। मेरठ में उन्होंने 27 दिनों तक कमिश्नरी का घेराव किया था। दिल्ली जाने की घोषणा उन्होंने अपनी ख़ास शैली में की थी। सिसौली में उनके गाँव में महीने की हर 17 तारीख़ को किसानों की एक पंचायत हुआ करती थी। उसी में उन्होंने ऐलान किया था कि एक हफ़्ते बाद हम सिसौली से दिल्ली तक बुग्गी से बुग्गी जोड़ेंगे। पहले यह कोशिश की गई थी कि वो दिल्ली न आएँ और इसके लिए उस समय के गृह मंत्री बूटा सिंह, राजेश पायलट, बलराम झाकड़ और नटवर सिंह ने बहुत कोशिश की, लेकिन वो टिकैत को मना नहीं पाए। इसके बाद उन्हें दिल्ली आने दिया गया। सभी को यह लग रहा था कि किसान दिल्ली में एक-दो दिन रुककर वापस चले जाएँगे, लेकिन उन्होंने तो इंडिया गेट और विजय चौक के बीच एक तरह का डेरा जमा लिया था।

वर्तमान में किसानों का नेतृत्व कर रहे भारतीय किसान यूनियन के नेता राकेश सिंह टिकैत कृषि कानून में नए प्रावधानों का विरोध करके अपने पिता महेंद्र सिंह टिकैत की आंदोलन वाली छवि को कायम रख रहे हैं। पंजाब, हरियाणा, उत्तर प्रदेश, उत्तराखंड, राजस्थान आदि राज्यों के किसान 26 नवंबर, वर्ष 2020 से दिल्ली के टिकरी, सिंधु और गाज़ीपुर बॉर्डर पर कृषि कानूनों के ख़िलाफ़ विरोध प्रदर्शन कर रहे हैं। किसानों और सरकार के बीच 14 अक्टूबर से बैठकें शुरू हुई, लेकिन कोई नतीजा नहीं निकला सका। सरकार ने आंदोलन शुरू होने से पहले 14 अक्टूबर और 13 नवंबर को किसानों के साथ बातचीत की थी, जो बेनतीजा रही थी। इसके बाद पंजाब और हरियाणा के किसानों ने 'दिल्ली चलो' के नारे के तहत दिल्ली की ओर मार्च शुरू किया था।

दिल्ली में गणतंत्र दिवस के दौरान किसान आंदोलन के चलते ट्रैक्टर परेड के नाम पर जो हिंसा हुई, उसके बाद ऐसा लग रहा था कि धीरे-धीरे गाज़ीपुर बॉर्डर का

धरना स्थल ख़ाली हो रहा है। मानो ऐसा लग रहा था जैसे कि किसानों ने आंदोलन ख़त्म कर दिया है और वह वापिस अपने घर की ओर लौट रहे हैं। धरना स्थल पर किसानों ने जो अपने रहने के लिए टैंट बनाए थे, वो ख़ाली होने लगे थे। कई किसान संगठनों और उनके ट्रैक्टरों की संख्या भी कम होने लगी थी, लेकिन किसानों के महानायक बन चुके राकेश टिकैत ने गाज़ीपुर बॉर्डर से न हटने का फ़ैसला लिया और दूसरे किसान संगठनों से भी आग्रह किया कि वह इस तरह से हार न माने। राकेश टिकैत ने ऐलान किया कि 'देश का किसान सीने पर गोली खाएगा, लेकिन पीछे नहीं हटेगा।' उन्होंने यह भी कहा कि 'जब तक तीनों कृषि कानून वापस नहीं लिये जाएँगे, तब तक वे धरना-स्थल ख़ाली नहीं करेंगे और आंदोलन जारी रहेगा।'

राकेश टिकैत के इस बयान ने किसानों में आंदोलन की भावना को पुनः जागृत कर दिया और गाज़ीपुर बॉर्डर पर दोबारा से किसानों का आना शुरू हो गया। गाज़ीपुर बॉर्डर पर फिर से किसान जमा होना शुरू हो गए और यह आंदोलन और तीव्र हो गया। किसान संगठनों के अलावा आमजन और कई राजनीतिक पार्टियाँ भी किसान आंदोलन और राकेश टिकैत के समर्थन में आने लगीं। किसानों में आंदोलन के लिए एक नई ऊर्जा देखने को मिली। देश के कई हिस्सों में किसान जुटने लगे और नए कृषि कानूनों को वापिस लेने की माँग करने लगे।

1 फरवरी, 2021 नया इंडिया, अंक-256 की रिपोर्ट के अनुसार, 'गणतंत्र दिवस के दिन ट्रैक्टर रैली के दौरान पुलिस और किसानों के बीच हुई झड़प के बाद किसान आंदोलन बिखरता दिख रहा था, लेकिन उस घटना के पाँच दिन बाद आंदोलन अपने पुराने रूप में लौट आया है। गाज़ीपुर बॉर्डर से लेकर टिकरी, सिंधु और शाहजँहापुर-खेड़ा बॉर्डर पर नए सिरे से किसानों का हुजूम पहुँच रहा है और हर जगह बड़ी संख्या में किसान फिर से आंदोलन से जुड़ गए हैं। हालाँकि हर जगह सुरक्षा व्यवस्था कड़ी कर दी गई है, लेकिन इसके बावजूद भी किसानों का आना जारी है। शाहजँहापुर-खेड़ा बॉर्डर पर किसान नेता रामपाल जाट के संगठन के आंदोलन से हटने के बाद वहाँ किसानों की संख्या कम हो गई थी, लेकिन बड़ी संख्या में नए किसानों के पहुँचने से फिर किसानों का जमावड़ा बड़ा हो गया है। इस सीमा पर पिछले कई दिनों से मौजूद स्वराज इंडिया के नेता योगेंद्र यादव ने वीडियो जारी करके बताया कि बॉर्डर पर वापस पहले जैसा जमावड़ा हो गया है। दूसरी ओर गाज़ीपुर बॉर्डर अब किसान आंदोलन का नया केंद्र बन गया है। वहाँ नरेश और राकेश टिकैत की कमान में बड़ी संख्या में किसान जमे हैं और पश्चिमी उत्तर प्रदेश से किसानों के आने का

सिलसिला जारी है। केंद्रीय गृह मंत्रालय ने सिंधु, टिकरी और गाज़ीपुर बॉर्डर पर 31 जनवरी को 11 बजे रात तक इंटरनेट बंद कर दिया था, लेकिन किसानों ने उसका भी समाधान निकाल लिया। हरियाणा के गाँवों में लाउडस्पीकर लगा दिए गए, जिनके ज़रिए किसानों की सीधी बात लोगों तक पहुँचाई गई। इस बीच किसान आंदोलन को मिल रहा राजनीतिक समर्थन भी बढ़ता जा रहा है। कांग्रेस, आप, सपा, रालोद, बसपा, शिवसेना, इनेलो, जजपा आदि पार्टियों के समर्थन के बाद शिरोमणि अकाली दल के अध्यक्ष और लोकसभा सांसद सुखबीर सिंह बादल किसान आंदोलन के समर्थन में गाज़ीपुर बॉर्डर पहुँचे।'

राकेश टिकैत और महापंचायत

राकेश टिकैत भारतीय किसान यूनियन की तरफ़ से गाज़ीपुर बार्डर पर किसानों का नेतृत्व कर रहे हैं। सरकार के तीनों कृषि कानूनों के ख़िलाफ़ जारी किसान आंदोलन अब दिल्ली की सीमाओं या हरियाणा-पंजाब तक ही सीमित नहीं रह गया है। हरियाणा के जींद और रोहतक, उत्तराखंड के रुड़की और उत्तर प्रदेश के मथुरा में किसानों के मुद्दों को लेकर किसान महापंचायतों का आयोजन हुआ। इन महापंचायतों में बड़ी संख्या में किसान शामिल हुए।

किसान नेता राकेश टिकैत ने जींद की महापंचायत में किसानों से 'दिल्ली चलो' का आह्वान किया। जींद के कंडेला में हुई किसान महापंचायत में भारी भीड़ जुटी। हरियाणा के गाँव-गाँव में किसान आंदोलन के लिए समर्थन भी जुटाया जा रहा है। पश्चिमी उत्तर प्रदेश में भी किसान संगठन सक्रिय हो गए। मुज़फ़्फ़रनगर, बागपत, बिजनौर, मथुरा आदि कई जगहों पर बड़ी किसान महापंचायतें हुईं। पश्चिमी उत्तर प्रदेश और हरियाणा की किसान महापंचायतों में बड़ी संख्या में महिलाएँ भी शामिल हुईं। मथुरा की महापंचायत में राष्ट्रीय लोक दल और दूसरे राजनीतिक दलों ने भी हिस्सा लिया। पश्चिमी उत्तर प्रदेश की महापंचायतों में विपक्ष के नेता शामिल हुए, लेकिन उन्हें मंच से दूर ही रखा गया।

दिल्ली के गाज़ीपुर बॉर्डर पर प्रदर्शन कर रहे किसान नेता राकेश टिकैत की भावुक अपील के बाद उत्तर प्रदेश, उत्तराखंड, राजस्थान और हरियाणा के गाँव-गाँव में किसान सक्रिय हो गए और किसान आंदोलन में बढ़-चढ़कर अपना योगदान दर्ज करवा रहे हैं। उत्तराखंड के रुड़की के मंगलौर में हुई किसान महापंचायत में भी भारी तादाद में किसान जुटे। मथुरा के बलदेव कस्बे में भी किसान पंचायत हुई। मथुरा में

हुई किसान महापंचायत में नेताओं ने आंदोलन को ज़मीन पर और मज़बूत करने तथा जब तक तीनों कानून वापस न हो, आंदोलन को चलाए रखने का आह्वान किया।

राजस्थान के दौसा ज़िले के मीन भगवान मंदिर मेंहदीपुर बालाजी में किसान महापंचायत हुई। इस महापंचायत में मीणा समुदाय और दूसरी जातियों के लोग शामिल हुए। राजस्थान की महापंचायत में किसानों ने हर घर से एक किसान को दिल्ली के बॉर्डरों पर भेजने की घोषणा भी की। इससे पता चलता है कि नए कृषि कानूनों के ख़िलाफ़ चल रहा किसान आंदोलन अब उत्तर प्रदेश और राजस्थान के भी गाँव-गाँव में फैल रहा है और साथ-ही-साथ भारतीय किसान यूनियन के राष्ट्रीय प्रवक्ता राकेश टिकैत का प्रभाव भी लोगों में धीरे-धीरे बढ़ रहा है। यह आंदोलन धर्म और जाति से बहुत ऊपर उठ गया है। इसमें अब कोई हिंदू, मुसलमान या जाट नहीं है, बल्कि सब किसान हैं और सभी अपने हित के लिए संघर्ष कर रहे हैं। इस आंदोलन को और मज़बूत बनाने के लिए गाँव-गाँव में लोग छोटी-छोटी पंचायतें कर रहे हैं। ये आंदोलन धीरे-धीरे मज़बूत हो रहा है।

1 फरवरी, 2021 नया इंडिया अंक-256 की रिपोर्ट के अनुसार, 'राकेश टिकैत ने कहा कि नए कृषि कानूनों के विरोध में प्रदर्शन कर रहे किसान प्रधानमंत्री की गरिमा का सम्मान करेंगे, लेकिन वे अपने आत्मसम्मान की रक्षा के लिए भी प्रतिबद्ध हैं। टिकैत ने कहा कि सरकार को हमारे लोगों को रिहा करना चाहिए और वार्ता के लिए अनुकूल माहौल तैयार करना चाहिए। हम दबाव में कुछ भी स्वीकार नहीं करेंगे। मुद्दा बातचीत से ही सुलझ सकता है और किसान सरकार से बातचीत करेंगे। एक वार्ता में सरकार ने कहा था कि वह डेढ़ साल तक कानूनों पर रोक लगाने के लिए तैयार है। उसके बाद एक कमेटी बनाकर विवाद के सारे मुद्दों पर बात हो सकती है। किसानों ने सरकार के इस प्रस्ताव को ठुकरा दिया था। टिकैत ने कहा कि हम प्रधानमंत्री की गरिमा का सम्मान करेंगे। किसान नहीं चाहते कि सरकार या संसद उनके आगे झुके। हम यह भी सुनिश्चित करेंगे कि किसानों के आत्मसम्मान की रक्षा हो। इन दोनों के बीच का कोई रास्ता निकालना चाहिए और बातचीत होनी चाहिए।

गणतंत्र दिवस के दिन हुई ट्रैक्टर रैली के दौरान पुलिस और किसानों के बीच झड़प में पुलिस ने लगभग चालीस मामले दर्ज किए और अस्सी के क़रीब लोगों को गिरफ़्तार भी किया। राकेश टिकैत इनकी रिहाई की माँग कर रहे हैं। मुज़फ़्फ़रनगर में हुई किसान महापंचायत के बाद से ही गाज़ीपुर बॉर्डर पर किसानों के पहुँचने का सिलसिला तेज़ हो गया है। उत्तर प्रदेश के दूर-दराज इलाकों से आने वाले किसानों

की संख्या लगातार बढ़ रही है। कई प्रदर्शनकारी राकेश टिकैत से बात करने लिए घंटों इंतज़ार कर रहे हैं।'

संयुक्त किसान मोर्चा ने हरियाणा के बहादुरगढ़ में किसान महापंचायत बुलाई, जिसमें हज़ारों की संख्या में लोग शामिल हुए। महापंचायत में महिलाओं ने भी बढ़-चढ़कर हिस्सा लिया। महापंचायत में किसान नेता राकेश टिकैत भी पहुँचे। वहाँ पर उन्होंने कहा कि 'हम ऐसे ही महापंचायतें करते रहेंगे। हम ये महापंचायतें लोगों को जोड़ने के लिए कर रहे हैं। हम यहाँ चुनाव की बात नहीं कर रहे। हम किसानों की बात कर रहे हैं।'

राकेश टिकैत को गाज़ीपुर बॉर्डर पर चल रहे किसान आंदोलन से एक नई पहचान मिली है। टिकैत अपनी इस बढ़ती लोकप्रियता का आंदोलन में सकारात्मक तरीक़े से इस्तेमाल करने की कोशिश कर रहे हैं। उनकी लोकप्रियता इतनी बढ़ गई है कि पंचायतों में लोग टिकैत को बुलाना चाहते हैं। टिकैत इन पंचायतों के ज़रिए किसान आंदोलन को पूरे भारत का बनाना चाहते हैं। राकेश टिकैत पश्चिमी उत्तर प्रदेश से निकलकर उत्तरी भारत का एक बड़ा किसान नेता बन गए हैं, जो कृषि कानूनों को वापिस लेने के ख़िलाफ़ गाज़ीपुर बॉर्डर पर लगातार विरोध प्रदर्शन कर रहे हैं।

टिकैत बनाम सरकार

भारतीय किसान यूनियन के राष्ट्रीय प्रवक्ता राकेश टिकैत कृषि आंदोलन का नेतृत्व कर रहे हैं। उनका कहना है कि यह आंदोलन अक्टूबर, वर्ष 2021 तक चलेगा। पहले भी कई किसान नेता और कई किसान संगठन यह कहते आए हैं कि वे छह महीने तक आंदोलन की तैयारी करके आए हैं। राकेश टिकैत ने कहा है कि कानून वापसी तक आंदोलन जारी रहेगा। आंदोलन जल्दी ख़त्म होने वाला नहीं है। अक्टूबर से पहले इसका समाधान नहीं निकल सकता। हमारा नारा है, 'कानून वापसी नहीं, तो घर वापसी नहीं।' एक ओर किसान कानून वापसी से कम किसी और बात पर राज़ी नहीं है, तो दूसरी और सरकार का कहना है कि कानून वापसी को छोड़कर बाक़ी किसी भी प्रस्ताव पर वार्ता के लिए वह तैयार है।

राकेश टिकैत के सरकार पर तंज मारते हुआ कहा कि 'सरकार किलेबंदी के बाद रोटी बंदी करेगी। सरकार खाने को तिज़ोरी में कैद कर देना चाहती है, इसलिए हम सड़क पर बैठकर रोटी खा रहे हैं।'

दिल्ली के बॉर्डरों पर किसानों ने आंदोलन को जारी रखने की सारी व्यवस्था स्वयं ही कर ली। उन्होंने जनरेटर लगवा लिए, राशन-पानी का इंतज़ाम कर लिया। हरियाणा में हिसार-सिरसा सीमा पर हज़ारों की संख्या में किसान पहुँच गए। दिल्ली के गाज़ीपुर, टिकरी और सिंधु बॉर्डर पर भी लाखों की संख्या में किसान जमा हैं।

किसान नेता राकेश टिकैत ने सरकार को 2 अक्टूबर तक कृषि कानून वापस लेने की चेतावनी दे दी है। टिकैत ने किसानों से कहा, 'हमने कानून वापिस लेने के लिए सरकार को 2 अक्टूबर तक का टाइम दिया। इसके बाद हम आगे की योजना बनाएँगे। सरकार या तो बिल वापिस ले ले, एमएसपी पर कानून बना दे, नहीं तो ये आंदोलन जारी रहेगा और हम देश में यात्रा करेंगे। पूरे देश में आंदोलन होगा। हमारा गैर राजनीतिक आंदोलन पूरे देश में होगा। तिरंगे को हम मानते हैं, हमारे बच्चों की शहादत तिरंगे में होती है, गाँव में इसमें लिपटे आते हैं। तिरंगे का अपमान सहन नहीं होगा। इनको देश से लगाव नहीं है, व्यापारी से लगाव है। इनको किसान से लगाव नहीं है, उसके अनाज से लगाव है। इनको मिट्टी से लगाव नहीं है, इनको अन्न से लगाव है। ये कील बोएँगे, हम अनाज बोएँगे।' टिकैत ने कहा 'मैं नेता नहीं हूँ, भारतीय किसान यूनियन का प्रवक्ता हूँ। मैं खेती करता हूँ। नेता तो चमचमाती कोठरी में रहते हैं, मखमली बिस्तर पर सोते हैं। हम तो सड़क पर सो जाते हैं कंबल ओढ़कर। हमारा संगठन 73 देशों में है। ये जो चल रहा है, ये एक दिन का नहीं है। मैं महात्मा गाँधी के आदर्शों पर चलने वाला हूँ।'

गाज़ीपुर बॉर्डर के जिस स्थान पर किसानों को रोकने के लिए कीलें लगाई गई थीं उस स्थान पर राकेश टिकैत ने आंदोलनकारी किसानों के साथ मिलकर मिट्टी डालकर फूल लगाए। पुलिस ने इस स्थान को अपने क़ब्ज़े में लेकर बैरिकेडिंग कर दी और पुलिस बल तैनात कर दिया गया। इसके बाद राकेश टिकैत ने एक बार फिर वहीं खेती की और उन्होंने आलू व गन्ना बोया। उन्होंने कहा कि 'खेतों में हल किसान चलाएगा और देश की रक्षा जवान करेगा। इस मिट्टी की रक्षा जवान करेगा। वे काँटे लगाएँगे और हम फूल खिलाएँगे।'

इसके बाद राष्ट्रपिता महात्मा गाँधी की पोती और राष्ट्रीय गाँधी संग्रहालय की अध्यक्ष तारा गाँधी भट्टाचार्य गाज़ीपुर बॉर्डर पहुँचीं। वहाँ उन्होंने राकेश टिकैत से मुलाक़ात की। तारा गाँधी ने कहा कि 'किसान के हित में ही देश का और हमारा हित है। इतने दिनों से चल रहा किसानों का आंदोलन अद्‌भुत है।'

गाज़ीपुर बॉर्डर पर डटे हुए किसान नेता राकेश टिकैत ने कहा कि 'संयुक्त किसान मोर्चा पूरी तरह से एकजुट है। हमारे कार्यक्रम निर्धारित हैं, जिन पर हम काम कर रहे हैं। आंदोलन पूरी मज़बूती से चलता रहेगा, हम अपनी रणनीति बना रहे हैं। किसानों को हताश होने की ज़रूरत नहीं है।'

इस कृषि आंदोलन में किसानों की जो एकजुटता और सहभागिता देखने को मिल रही है, उसमें एक बड़ी भूमिका राकेश टिकैत की भी है। राकेश टिकैत ने काफ़ी कम समय में ही पूरे देश में लोकप्रियता हासिल कर ली और वह किसानों के मसीहा के तौर पर उभरकर सामने आए। किसान आंदोलन को पुनः शुरू करने और जिस स्थिति में वो पहले था, वापिस उसी स्थिति में लाकर खड़ा करने का अविश्वसनीय काम राकेश टिकैत ने किया। एक समय ऐसा था जब देश को लगने लगा था कि किसानों का आंदोलन धीरे-धीरे समाप्त हो रहा है, लेकिन राकेश टिकैत आंदोलन से पीछे नहीं हटे और नए कृषि कानूनों के ख़िलाफ़ प्रदर्शन जारी रखा। उनके दृढ़निश्चयी विश्वास और हौसले को देखकर जिन किसान संगठनों व किसानों ने आंदोलन से पीछे हटने का फ़ैसला कर लिया था, वो किसान भी वापिस आंदोलन में शामिल हुए। इन किसानों के अलावा दूसरे किसान भी राकेश टिकैत के समर्थन में आंदोलन से जुड़ने लगे। राष्ट्रीय व अंतर्राष्ट्रीय स्तर पर किसान आंदोलन को समर्थन प्राप्त हो रहा है।

राकेश टिकैत समेत सभी किसान संगठन तीनों नए कृषि कानूनों को वापिस लेने की माँग करते हुए आंदोलन कर रहे हैं। सरकार और किसानों के बीच कई दौर की बातचीत भी हुई, लेकिन अभी तक कोई हल नहीं निकल सका। जहाँ एक तरफ़ सरकार किसानों की माँगों को न मानने की बात पर अड़ी हुई है, तो वहीं दूसरी तरफ़ किसान भी ठान कर बैठे हैं कि जब तक कानून को वापिस नहीं लिया जाएगा, वो किसी भी क़ीमत पर आंदोलन ख़त्म नहीं करेंगे। आख़िर आंदोलन फिर ख़त्म कैसा होगा? राकेश टिकैत किसान आंदोलन की वजह से किसानों के लोकप्रिय व बड़े नेता के रूप में उभरे हैं। इस किसान आंदोलन से राकेश टिकैत का कद कई गुना बढ़ गया है। राकेश टिकैत कई दशकों से किसानों के हक़ की लड़ाई के लिए सक्रिय हैं।

□

भारत सरकार की आधुनिक कृषि योजनाएँ

भारत सरकार द्वारा लागू की गई कृषि योजनाएँ लगभग सामान्य रूप से पूरे भारतवर्ष में सभी किसानों के लिए चलाई जाती हैं। भारत सरकार अथवा राज्य सरकार जितनी भी कृषि योजनाओं को लागू करती है, उनका मक़सद होता है कि इन कृषि योजनाओं का लाभ देश के सभी किसानों को मिल सके। इन योजनाओं के माध्यम से कृषि प्रणाली में बेहतर सुधार हो सके और किसानों को हर तरह की सुविधा प्राप्त हो। किसानों के जीवन को बेहतर बनाने के लिए और कृषि के क्षेत्र में नए बदलाव करने के लिए भारत सरकार द्वारा विभिन्न कृषि योजनाओं को देश में लागू किया जाता रहा है। किसानों के विकास के लिए भारत सरकार द्वारा लागू की गई कृषि योजनाओं व आधुनिक कृषि योजनाओं के अंतर्गत अलग-अलग प्रकार की योजनाएँ शामिल हैं।

भारत सरकार ने किसानों के लाभ के लिए किसान क्रेडिट कार्ड योजना, कृषि संचालन के लिए ऋण योजना, बीज योजना, किसानों के लिए प्रसार एवं प्रशिक्षण योजना, कृषि के लिए मूल्य नीति, कृषि विपणन, चारा और चारा विकास योजना, डेयरी उद्यमिता विकास योजना, प्रधानमंत्री फ़सल बीमा योजना, परंपरागत कृषि विकास योजना, पशुधन बीमा योजना, पौध संरक्षण योजना, प्रधानमंत्री कृषि सिंचाई योजना एवं अन्य सिंचाई योजनाएँ, बागवानी, राष्ट्रीय बागवानी मिशन, मृदा स्वास्थ कार्ड, भूमि सरंक्षण एवं सूक्ष्म पोषक तत्त्व, राष्ट्रीय कृषि विकास योजना, राष्ट्रीय खाद्य सुरक्षा मिशन, राष्ट्रीय तिलहन एवं ऑयल पाम मिशन, सतत् कृषि, कृषि क्लीनिक और कृषि कारोबार केंद्र आदि लागू की हैं। यह कृषि योजनाएँ क्या हैं? इन योजनाओं का क्या उद्देश्य है और इनका लाभ कौन ले सकता है? इन सारी कृषि योजनाओं की विस्तार से चर्चा नीचे की गई है।

➢ किसान क्रेडिट कार्ड योजना

भारत सरकार ने सन् 1998-99 में 'किसान क्रेडिट कार्ड योजना' लागू करते

हुए किसानों को क्रेडिट कार्ड देने की घोषणा की। इस योजना की ज़िम्मेदारी 'भारतीय रिज़र्व बैंक' (आरबीआई) और 'राष्ट्रीय कृषि और ग्रामीण विकास बैंक' (नाबार्ड) ने संभाली। किसान क्रेडिट कार्ड योजना के अंतर्गत किसानों को उसकी जोत के आधार पर ऋण उपलब्ध कराया जा रहा है। किसानों को जितने रुपये की ज़रूरत है, उतने रुपये उन्हें बैंक से आसानी से मिल रहे हैं। किसान क्रेडिट कार्ड योजना रिज़र्व बैंक ऑफ इंडिया और नाबार्ड की संयुक्त पहल से तैयार की गई। इसके माध्यम से ग़रीब किसानों के लिए कई महत्त्वकांक्षी योजनाएँ भी तैयार की गई।

किसान क्रेडिट कार्ड योजना के माध्यम से किसानों को उनके ऋण की आवश्यकताओं की पूर्ति के लिए पर्याप्त एवं समय पर ऋण की सुविधा प्रदान की जाती है। इसके साथ ही आकस्मिक खर्चों के अलावा सहायक कार्यकलापों से संबंधित खर्चों की पूर्ति करना भी होता है। यह ऋण सुविधा एक सरलीकृत कार्यविधि के माध्यम से तथा आवश्यकता के आधार पर प्रदान की जाती है।

किसान क्रेडिट कार्ड योजना का उद्देश्य बैंकिंग व्यवस्था द्वारा किसानों को समुचित और यथासमय सरल एवं असान तरीक़े से आर्थिक सहायता दिलाना है। जिससे कि खेती के लिए आसान तरीक़े से आर्थिक सहायता मिल सके और खेती एवं ज़रूरी उपकरणों की ख़रीद के लिए उनकी वित्तीय आवश्यकताओं की पूर्ति हो सके। इस योजना के माध्यम से किसान सरल प्रक्रिया के तहत आसानी से अपनी ज़रूरतों को पूरा कर सकते हैं। इस योजना के लागू होने के बाद किसानों को फ़सल के लिए अलग-अलग आवेदन करने की प्रक्रिया की परेशानी से भी मुक्ति मिल गई है। अब वह केवल एक बार जोत बही के आधार पर तैयार किए गए कार्ड से आसानी से अपनी ज़रूरतों को पूरा कर रहे हैं और सरकार द्वारा संचालित किसान क्रेडिट कार्ड योजना का लाभ उठा रहे हैं।

किसान क्रेडिट कार्ड योजना के तहत किसान ख़रीफ और रबी के मौसम में पचास हज़ार रुपये तक का ऋण ले सकता है। किसान क्रेडिट कार्ड (कैसीसी) योजना एक ऐसे अभिनव ऋण वितरण तंत्र के रूप में उभरी है, जिससे किसानों की उत्पादन ऋण संबंधित आवश्यकताएँ सही समय पर और बिना किसी कठनाई के पूरी होती हैं। पिछले पंद्रह वर्षों के दौरान निति निर्माताओं, बैंकों और किसानों को इस योजना से संबंधित अनेक समस्याओं का सामना भी करना पड़ा, लेकिन हर समस्या से निपटने के लिए उसका समाधान भी निकाला गया। सरकार द्वारा

किसान क्रेडिट कार्ड योजना को और अधिक सुगम बनाने के लिए अन्य पहलें भी शुरू की गई।

➢ कृषि संचालन के लिए ऋण योजना

किसानों को फ़सल बोने के बाद खाद, उरवर्क, कीटनाशक आदि खेती संबंधी कार्यों के लिए पैसों की आवश्यकता होती है, लेकिन किसानों के पास उसके लिए पैसे नहीं होते। उन्हें उधारी पर, ब्याज पर या फिर साहूकारों से लोन पर पैसा लेना पढ़ता है। किसानों की इस समस्या को देखते हुए सरकार ने किसानों के लिए बहुत-सी ऋण योजनाएँ लागू की हैं। फ़सल ऋण को अल्पावधि ऋण भी कहा जाता है और मौसमी कृषि संचालन फ़सलों की पैदावार को बढ़ाने के लिये जो उपाय अलग-अलग समय में किये जाते हैं, उन्हें मौसमी कृषि संचालन कहते हैं। जुताई, बुआई, निराई, उर्वरकों, कीटनाशकों आदि खेत में पैदावार बढ़ाने और काटने के लिए श्रम भी इसमें शामिल हैं। इस प्रकार जो ऋण फ़सलों को बोने और खेतों को बढ़ाने के लिए इस्तेमाल किया जाता है, उन्हें अल्पावधि ऋण कहा जाता है।

कृषि संचालन ऋण योजना के तहत फ़सल ऋण आमतौर पर किसान क्रेडिट कार्ड (कैसीसी) के माध्यम से बैंकों द्वारा वितरित किये जाते हैं। किसान क्रेडिट कार्ड योजना पूरे देश में लागू है और वाणिज्यिक बैंकों, सहकारी बैंकों और क्षेत्रीय ग्रामीण बैंकों द्वारा कार्यान्वित की जाती है। छोटे किसान, सीमांत किसान, हिस्सेदार, मौखिक पट्टेदार और किरायेदार किसान सहित सभी किसानों को किसान क्रेडिट कार्ड जारी करने के लिए प्रावधान है। किसान क्रेडिट कार्ड धारक दुर्घटना में मृत्यु, स्थायी विकलांगता व व्यक्तिगत दुर्घटना बीमा योजना के अंतर्गत आते हैं।

बैंक किसान की खेती के लिए उपलब्ध ज़मीन और किसान के क्रेडिट इतिहास व ज़िला स्तरीय तकनीकी समिति द्वारा तय वित्त की मात्रा के आधार पर किसान के ऋण के लिये योग्यता का आकलन करता है। किसान क्रेडिट कार्ड के दायरे में अल्पावधी के ऋण और खपत ज़रूरतों को भी शामिल करने के लिए व्यापक आधार दिया गया है। सरकार ने बैंकों को किसान क्रेडिट कार्ड को एक स्मार्ट कार्ड के साथ डेबिट कार्ड में बदलने की सलाह भी दी।

➢ बीज योजना

यह योजना किसानों को प्रमाणित व अच्छे किस्मों के बीज सही दामों पर

उपलब्ध करवाने के लिए लागू की गई थी। देशभर में हो रहे जलवायु परिवर्तन तथा अधिक उत्पादन के साथ-साथ रोग रहित फ़सल के लिए बीज सही हों। बीज रोग मुक्त और अधिक उत्पादन देने वाला होना चाहिए। बीज सस्ता हो और आसानी से सभी जगह मिल सके, इसके लिए भारत सरकार किसानों के लिए बीज योजना लेकर आई। इस योजना के माध्यम से किसान प्रमाणित बीज को स्थानीय स्तर पर उचित दामों में ख़रीद सकते हैं। कृषि के क्षेत्र में अगर सबसे महत्त्वपूर्ण वस्तु है, तो वह है बीज। अच्छे बीज की ललक प्रायः हर कृषक को होती है। बीज को सफल खेती का आधार माना जाता है, कारण यह है कि उत्तम बीज से ही उत्तम उत्पादन संभव है।

➤ किसानों के लिए प्रसार एवं प्रशिक्षण योजना

यह योजना आधुनिक खेती के प्रति जागरूकता एवं योजनाओं को सभी किसानों तक पहुँचाने के लिए भारत सरकार द्वारा लागू की गई। भारत में राष्ट्रीय तथा राज्य स्तर पर किसानों के लिए बहुत सी योजनाएँ चलाई जाती हैं, जिसकी जानकारी किसानों को नहीं रहती है। वह इन योजनाओं का लाभ उठाने से वंचित रह जाते हैं। कृषि के क्षेत्रों में बढ़ती तकनीक तथा विभिन्न समस्याओं जैसे मौसम, कीट, रोग आदि को ध्यान में रखते हुए भारत सरकार ने किसानों तक सही समय पर इसकी जानकारी पहुँचाने के लिए प्रसार एवं प्रशिक्षण योजना को लागू किया। इस योजना के अंतर्गत सभी किसान सरकारी योजनाओं की जानकारी आसानी से प्राप्त कर सकते हैं और कृषि कार्यों के लिए प्रशिक्षण भी प्राप्त कर सकते हैं।

➤ कृषि के लिए मूल्य नीति

इसके अंतर्गत फ़सलों के सही दाम सुनिश्चित करने के लिए योजनाएँ बनाई गई। फ़सलों के उत्पादन के बाद किसानों को उनकी उपज का सही दाम मिल सके, इसके लिए भारत सरकार बहुत-सी योजनाएँ किसान हित में चलाती है। इसके लिए सरकार द्वारा कई फ़सलों का न्यूनतम समर्थन मूल्य (एमएसपी) तय किया गया, जिससे किसानों को कम से कम उनकी फ़सलों की लागत प्राप्त हो सके। इसके लिए भी सरकार ने कई योजनाएँ पूरे देश में लागू कर रखी हैं।

➤ कृषि विपणन

यह योजना फ़सल बेचने के लिए किसानों को बाज़ार उपलब्ध करवाने के लिए

लागू की गई। आज भी भारत देश में मंडी की उपलब्धता बहुत कम है। किसानों को अभी भी अपनी बहुत सी फ़सलें बेचने के लिए बाज़ार नहीं मिल पता। जिस वजह से उन्हें अपनी फ़सलों को बेचने के लिए बहुत दूर जाना पड़ता है। बहुत से किसान वहीं के किसी नज़दीकी व्यापारी को ही कम दामों में अपनी फ़सल बेच देते हैं। इस वजह से उन्हें नुकसान झेलना पड़ता है। इसलिए सरकार कृषि विपणन व्यवस्था के अंतर्गत सभी किसानों को बाज़ार उपलब्ध करवाने के लिए यह योजना चला रही है।

➢ चारा और चारा विकास योजना

कृषि के क्षेत्र में पशुपालन, डेयरी तथा मत्स्य पालन यह सब इस बात पर निर्भर करता है कि चारा कितनी मात्रा में और किस प्रकार का उपलब्ध कराया जा रहा है। इसको लेकर भारत सरकार पशुपालन व मत्स्य पालन के चारे की व्यवस्था के लिए चारा विकास योजना चला रही है। इस योजना के तहत किसानों को चारे के लिए पचास प्रतिशत का अनुदान दिया जा रहा है और पशुओं के लिए भूमि संरक्षित की जा रही है।

इस योजना का मुख्य उद्देश्य चारा विकास के लिए राज्यों के प्रयासों में सहयोग देना है। यह योजना वर्ष 2005-06 से चार घटकों 'चारा प्रखंड निर्माण इकाइयों की स्थापना, संरक्षित तृणभूमियों सहित तृणभूमि क्षेत्र, चारा फ़सलों के बीज का उत्पादन तथा वितरण, जैव प्रौद्योगिकी शोध परियोजना' के साथ चलाई जा रही है। भारत सरकार द्वारा प्रायोजित चारा विकास योजना को वर्ष 2010 से उपलब्ध चारा के दक्ष प्रयोग को सुनिश्चित करने के लिए उन्नत किया गया है।

➢ डेयरी उद्यमिता विकास योजना

यह योजना भारत में दुग्ध उत्पादन एवं पशुपालन क्षेत्र में रोज़गार को बढ़ाने के लिए लागू की गई। पशुपालन को बढ़ावा देने के लिए, पशुपालन के क्षेत्र में रोज़गार के अवसर को बढ़ाने के लिए तथा डेयरी फार्मों का आधुनिकीकरण करने के लिए यह योजना चलाई जा रही है। इस योजना के माध्यम से किसान अपनी खुद की आधुनिक डेयरी खोल सकता है और उसका क्रियान्वयन कर सकता है। इस योजना के अंतर्गत किसानों को अनुदान दिये जाने का प्रावधान किया गया है। इसके साथ ही किसान इसके लिए प्रशिक्षण आदि भी ले सकता है।

डेयरी उद्यमिता विकास योजना का मुख्य उद्देश्य देश में आधुनिक डेयरी की स्थापना करना है, जिससे किसान एवं पशुपालक आधुनिक डेयरी या डेयरी फार्म खोल सके और अपनी आय को बढ़ा सके। इस योजना के ज़रिए देश में पशुपालन क्षेत्र को बढ़वा देने के साथ-साथ रोज़गार का सर्जन करना भी है। इस योजना का लाभ लेकर किसान या पशुपालक नई डेयरी की स्थापना कर सकते हैं और यदि वह पहले से डेयरी चला रहे हैं, तो उसे आगे बढ़ा सकते हैं। इस योजना का लाभ किसान, व्यक्तिगत उद्यमी, गैर-सरकारी संगठन, कंपनियाँ, असंगठित और संगठित क्षेत्र के समूह, स्वयं सहायता समूह, डेयरी सहकारी समितियाँ, दूध संगठन, दूध महासंघ आदि उठा सकते हैं।

➢ प्रधानमंत्री फ़सल बीमा योजना

वर्ष 2016 में प्रधानमंत्री फ़सल बीमा योजना का अनावरण किया गया। देश की जलवायु में लगातार परिवर्तन होते रहते हैं, जिसके कारण अधिक बारिश तथा सूखा से कृषि को काफ़ी नुकसान होता है। ऐसे हालातों में किसानों की लागत भी नहीं निकाल पाती, जिससे किसान कर्ज़ के बोझ तले दब जाता है। इस समस्या को देखते हुए भारत सरकार राज्यों की सहायता से प्राकृतिक आपदा से होने वाले नुकसान की भरपाई के लिए प्रधानमंत्री फ़सल बीमा योजना लेकर आयी। इस योजना के अंतर्गत किसानों को ख़रीफ की फ़सल के लिए 2 प्रतिशत, रबी की फ़सल के लिए 1.5 प्रतिशत तथा बागवानी के लिए 5 प्रतिशत प्रीमियम पर बीमा कवरेज दिया जा रहा है। यह योजना पूरे देश में लागू है।

एक देश एक योजना के अंतर्गत प्रधानमंत्री फ़सल बीमा योजना को बनाया गया है। सभी योजनाओं की अच्छे से समीक्षा करने के बाद ही किसानों के हित में यह प्रधानमंत्री फ़सल बीमा योजना बनाई गई है। यह योजना पुरानी किसी भी योजना के मुक़ाबले किसान हित में बेहतर है।

इस योजना का उद्देश्य है कि प्राकृतिक आपदाओं, कीट और रोगों के परिणामस्वरूप अधिसूचित फ़सल में से किसी की विफलता की स्थिति में किसानों को बीमा कवरेज और वित्तीय सहायता प्रदान करेगी। कृषि में किसानों की सतत् प्रक्रिया सुनिश्चित करने के लिए उनकी आय को स्थायित्व देगी। किसानों को कृषि में नवाचार एवं आधुनिक पद्धतियों को अपनाने के लिए प्रोत्साहित करेगी। कृषि क्षेत्र में ऋण के प्रवाह को सुनिश्चित करेगी। प्रधानमंत्री

फ़सल बीमा योजना का संचालन भारतीय कृषि बीमा कंपनी (एआईसी) द्वारा किया जाता है।

➢ परंपरागत कृषि विकास योजना

परंपरागत कृषि विकास योजना राष्ट्रीय सतत् कृषि परियोजना (एनएमएसए) का एक विस्तारित घटक है। परम्परागत कृषि विकास योजना (पीकेवीवाई) के तहत जैविक खेती को क्लस्टर पद्धति और पीजीएस प्रमाणीकरण द्वारा प्रोत्साहित किया जाता है। भारत सरकार कृषि एवं सहकारिता विभाग द्वारा वर्ष 2015-16 से एक नई-परंपरागत कृषि विकास योजना का शुभारंभ किया गया। इस योजना का उद्देश्य जैविक उत्पादों के प्रमाणीकरण और विपणन को प्रोत्साहित करना है।

देश में कृषि क्षेत्र में उत्पादन लागत बढ़ रहा है, जिसे बेचने के बाद उसका मूल्य भी प्राप्त नहीं हो पा रहा है। इसलिए यह ज़रूरी है कि फ़सल के लागत मूल्य को कम किया जाए। इसके लिए जैविक कृषि की तरफ़ बढ़ना होगा। इससे उर्वरक तथा कीटनाशक का पैसा बचेगा। इसके लिए भारत सरकार समूह में खेती करने वाले किसानों को अधिकतम दस लाख रुपये का अनुदान दे रही है। जैविक कृषि पर्यावरण हितैषी कम लागत प्रौद्योगिकियों को अपनाकर, रासायनिक और कीटनाशी अवशेषों से मुक्त उत्पादन की एक उत्पादन प्रणाली है। इस योजना के अंतर्गत एनजीओ के ज़रिए प्रत्येक क्लस्टर को विभिन्न सुविधाएँ उपलब्ध कराई जाएँगी। परंपरागत कृषि विकास योजना (पीकेवीवाई) को देश में जैविक खेती को प्रोत्साहित करने के उद्देश्य से कार्यान्वित किया गया। यह मृदा स्वास्थ्य एवं जैविक पदार्थ सामग्री में सुधार लाएगा तथा किसानों की निवल आय में बढ़ोत्तरी होगी, जिससे प्रीमियम मूल्यों की पहचान की जा सके

➢ पशुधन बीमा योजना

इस योजना को पशुओं की आकस्मिक मृत्यु होने पर होने वाले नुकसान से बचाने के लिए जारी किया गया था। जिस प्रकार कृषि तथा मानव बीमा योजना है, उसी प्रकार पशु बीमा योजना भी है। इस योजना के तहत पशुओं को बीमा कवरेज दिया जाता है, लेकिन किसान आर्थिक परेशानी के चलते अपने पशुओं का बीमा नहीं करा पाते हैं। इसलिए भारत सरकार ने किसानों के लिए पशुधन बीमा योजना का गठन किया। इस योजना के माध्यम से किसानों के अधिकतम दो पशुओं

के बीमा करने की सुविधा है। पशुधन बीमा का पचास प्रतिशत प्रीमियम भारत सरकार देगी और यह तीन वर्षों के लिए होगा।

पशुधन बीमा योजना एक केंद्र प्रायोजित योजना है, जो दसवीं पंचवर्षीय योजना के वर्ष 2005-06 तथा 2006-07 और ग्यारहवीं पंचवर्षीय योजना के वर्ष 2007-08 में प्रयोग के तौर पर देश के सौ चयनित ज़िलों में क्रियान्वित की गई थी। यह योजना देश के तीन-सौ चयनित ज़िलों में नियमित रूप से चलायी जा रही है। इस योजना का शुरुआती उद्देश्य था कि किसानों तथा पशुपालकों को पशुओं की मृत्यु के कारण हुए नुकसान से सुरक्षा प्रदान की जाए और पशुधन बीमा के लाभों को लोगों को बताया जाए तथा इसे पशुधन और उनके उत्पादों के गुणवत्तापूर्ण विकास के चरम लक्ष्य के साथ लोकप्रिय बनाया जाए।

पशुधन बीमा योजना के अंतर्गत देशी/संकर दुधारू मवेशियों और भैंसों का बीमा उनके अधिकतम वर्तमान बाज़ार मूल्य पर किया जाता है। बीमा का प्रीमियम पचास प्रतिशत तक अनुदानित होता है। अनुदान की पूरी लागत केंद्र सरकार द्वारा वहन की जाती है। अनुदान का लाभ अधिकतम दो पशु प्रति लाभार्थी को अधिकतम तीन साल की एक पॉलिसी के लिए मिलता है। यह योजना गोवा को छोड़कर सभी राज्यों में संबंधित राज्य पशुधन विकास बोर्ड द्वारा क्रियान्वित की जा रही है।

➢ पौध संरक्षण योजना

कृषि को रोग एवं कीट से बचाए रखने के लिए पौध संरक्षण योजना को लागू किया गया। फ़सलों पर कीट और रोगों का प्रकोप किसी भी मौसम में हो सकता है, जिसकी वजह से किसानों की फ़सलों को अधिक मात्रा में नुकसान होता है। कई बार तो कीट और रोगों का प्रकोप इतना बड़ा होता है कि पूरी की पूरी फ़सल ही बर्बाद हो जाती है। किसानों के पास संसाधन सीमित मात्रा में होते हैं, जिसकी वजह से वह तुरंत कुछ उपाय नहीं कर पाते। इस समस्या को देखते हुए भारत सरकार ने पौध संरक्षण योजना को लागू किया। इस योजना के अंतर्गत सरकार किसानों को पौधों के सरक्षण के लिए यंत्र एवं कीटनाशक अनुदान और सस्ते दरों पर उपलब्ध करवाती है, जिससे वह अपनी कृषि को होने वाले नुकसान से बचा सके। पौध संरक्षण, संगरोधक एवं भण्डारण निदेशालय पूरे देश में फैले अपने 35 केन्द्रीय कीट प्रबंधन केन्द्रों के ज़रिए विभिन्न कार्यक्रमों का आयोजन करते हैं।

➢ प्रधानमंत्री कृषि सिंचाई योजना एवं अन्य सिंचाई योजनाएँ

यह योजना सरकार ने सिंचाई के लिए किसानों को संसाधन जुटाने के लिए सिंचाई यंत्रों एवं मशीनों पर सब्सिडी के लिए लागू की। खेती में आधुनिकता एवं पानी को नुकसान से बचाने के लिए और सभी किसानों की फ़सलों को पानी उपलब्ध कराने के लिए यह योजना देशभर में चलाई जाती है। इस योजना के तहत ड्रिप सिंचाई, स्प्रिन्किलर सिंचाई, फव्वारा सिंचाई एवं सूक्ष्म सिंचाई जैसे तत्व शामिल किये गए हैं। इस योजना के माध्यम से किसान सिंचाई संबंधी उपकरणों पर अनुदान पर सिंचाई के साधन ले सकते हैं, मिट्टी और पानी को संरक्षित कर सकते हैं तथा इस योजना का लाभ प्राप्त कर लकते हैं।

➢ बागवानी

यह योजना भारत सरकार द्वारा फूल उत्पादन, सब्जी उत्पादन आदि बागवानी फ़सलों को बढ़ाबा देने एवं उनके स्टोरेज के लिए लाई गई। किसान खाद्यान आधारित कृषि के साथ-साथ बागवानी आधारित खेती करने से अतरिक्त आय के अलावा अधिक मुनाफ़ा कमा रहे हैं। इस प्रकार की खेती के लिए केंद्र तथा राज्य सरकारें मिलकर बागवानी के लिए लागत की पचास से सौ प्रतिशत की सब्सिडी दे रही हैं। जिसमें पूर्वोतर तथा हिमाचल राज्य के लिए सौ प्रतिशत तथा शेष भारत के लिए पचास प्रतिशत की सब्सिडी दी जा रही है। इस योजना का मुख्य उद्देश्य यह है कि देश में फलों के उत्पादन को बढ़ाया जाए और किसानों को खेती में अधिक मुनाफ़ा हो सके।

➢ राष्ट्रीय बागवानी मिशन

भारत सरकार द्वारा राष्ट्रीय बागवानी मिशन की शुरुआत वर्ष 2005-06 में केन्द्र प्रायोजित योजना के रूप में की गई थी। इस योजना का उद्देश्य भारत में बागवानी क्षेत्र में व्यापक वृद्धि करने के साथ-साथ बागवानी उत्पादन में भी वृद्धि करना है। उत्तर-पूर्व के आठ राज्यों को छोड़कर सभी राज्यों तथा केंद्र शासित प्रदेशों को इस मिशन के अंतर्गत लाया गया। जिन राज्यों को इस मिशन में शामिल नहीं किया गया, उन्हें उत्तर-पूर्व राज्यों में उद्यान विज्ञान के एकीकृत विकास हेतु तकनीकी मिशन नामक अभियान के तहत लाया गया।

➢ राष्ट्रीय औषधीय पादप मिशन-

भारत सरकार द्वारा संचालित राष्ट्रीय औषधीय पादप मिशन के तहत औषधीय पौधों की खेती, आधारभूत संरचना के विकास, प्रसंस्करण एवं मूल्य संवर्धन, बाज़ार व्यवस्था आदि से संबंधित योजना शुरू की गई। इसके अंतर्गत फ़सल के विविधीकरण द्वारा राज्य के किसानों, ग्रामीण युवाओं एवं महिलाओं को अधिक आय के स्रोत उपलब्ध कराना है। इसके लिए गुणवत्तापूर्ण रोपण सामग्री के व्यवहार कर देशी चिकित्सा पद्धति में काम आने वाले, निर्यात योग्य अत्यधिक माँग वाले औषधीय पादपों के समूह में खेती करने, आधारभूत संरचना विकास करने, प्रसंस्करण/मूल्य संवर्धन एवं उत्पादों की बाज़ार व्यवस्था के लिए सहायता प्रदान करना है। कृषिकरण की इस परियोजना में ऐसे औषधीय पादपों को शामिल किया जाना है, जिनकी बाज़ार व्यवस्था सुनिश्चित हो।

➢ मृदा स्वास्थ्य कार्ड, भूमि सरंक्षण एवं सूक्ष्म पोषक तत्त्व

मृदा स्वास्थ्य कार्ड योजना की शुरुआत 19 फरवरी, वर्ष 2015 को हुई थी। मृदा स्वास्थ्य कार्ड सभी जोत धारकों को हर दो वर्ष के अंतराल के बाद दिए जाएँगे, जिससे कि वे फ़सल की पैदावार लेने के लिए सिफ़ारिश किए गए पोषक तत्व डालें ताकि मृदा स्वास्थ्य में सुधार हो और भूमि की उपजाऊ शक्ति भी बढ़े।

सरकार ने इस योजना का निर्माण मिट्टी के स्वास्थ्य के लिए किया था। किसानों के द्वारा अधिक तथा असंतुलित उर्वरक के उपयोग से मिट्टी का स्वास्थ्य ख़राब हो रहा है, जिसकी वजह से फ़सलों में अलग-अलग तरह के रोग लग रहे हैं और इससे उत्पादन बढ़ने की जगह कम हो रहा है। इसके अलावा अधिक उर्वरक तथा रोग के लिए कीटनाशक उपयोग करने से कृषि ख़र्च भी बढ़ रहा है। इस समस्या से निपटने के लिए केंद्र सरकार मृदा स्वास्थ्य कार्ड योजना लेकर आई। इस योजना के माध्यम से ज़िला तथा तहसील स्तर पर किसानों की मिट्टी की जाँच बिना किसी शुल्क के की जाएगी। इस योजना का उद्देश्य है कि किसान अपनी मिट्टी को ख़राब होने से बचा सके और कृषि की अच्छी पैदावार कर सके।

➢ राष्ट्रीय कृषि विकास योजना

भारत में कृषि के क्षेत्र का विस्तार करने और कृषि का विकास करने के लिए राष्ट्रीय कृषि विकास योजना को लाया गया। हमारे देश में जिस तेज़ गति के साथ जनसंख्या वृद्धि हो रही है, उसके अनुसार खाद्यान का उत्पादन काफ़ी कम

मात्रा में हो पा रहा है। जिस वजह से देश में खाद्य संकट बना हुआ है। इस खाद्य संकट से देश को निकालने के लिए भारत सरकार ने चार प्रतिशत की विकास दर रखी हुई है। इस योजना के तहत किसानों को पशुपालन, कृषि पोल्ट्री फॉर्म इत्यादी में वृद्धि के लिए लगातार प्रोत्साहन दिया जा रहा है। राष्ट्रीय कृषि विकास योजना का लक्ष्य कृषि एवं समवर्गी क्षेत्रों का समग्र विकास सुनिश्चित करते हुए कृषि क्षेत्र में वृद्धि प्राप्त करना है। ग्यारहवीं पंचवर्षीय योजनावधि के दौरान इस योजना के लिए पच्चीस हज़ार करोड़ रुपये स्वीकृत किये गए हैं।

राष्ट्रीय कृषि विकास योजना (आरकेवीवाई) के अंतर्गत वित्त पोषण की पात्रता के लिए सरकार ने रेशम उत्पादन और सम्बद्ध गतिविधियों का आरकेवीवाई के तहत समावेश का फ़ैसला किया है। इसमें रेशम कीट के उत्पादन के चरण तक रेशम उत्पादन शामिल रहेगा और साथ ही कृषि उद्यम में रेशम कीट के उत्पादन व रेशम धागे के उत्पादन से लेकर विपणन तक विस्तार प्रणाली भी। अब राष्ट्रीय कृषि विकास योजना का लाभ रेशम उत्पादन विस्तार प्रणाली में सुधार, मिट्टी के स्वास्थ्य को बेहतर करने, वर्षा से पोषित रेशम उद्योग को विकसित करने तथा एकीकृत कीट प्रबंधन के लिए लिया जा सकता है। इसके लाभ बीजों को बेहतर करने तथा क्षेत्र के मशीनीकरण के लिए होंगे। यह निर्णय बाज़ार के बुनियादी ढाँचे के विकास तथा सेरी उद्यम को बढ़ावा देने में सहायता प्रदान करेगा। गैर कृषि गतिविधियों के लिए परियोजनाएँ हाथ में ली जा सकती हैं और भूमि सुधार के लाभार्थियों जैसे सीमांत व छोटे किसानों आदि को विशेष योजनाएँ स्वीकृत कर रेशम कीट पालन किसान को अधिकतम लाभ दिया जा सकता है।

➢ राष्ट्रीय खाद्य सुरक्षा मिशन

फ़सलों के उत्पादन को बढ़ाने के लिए इस योजना को लागू किया गया। देश में बढ़ती हुई जनसंख्या की वजह से सभी को भोजन सुनिश्चित कराने के लिए भारत सरकार ने कृषि को बढ़ावा देने के लिए राष्ट्रीय खाद्य सुरक्षा मिशन योजना शुरू की। इस योजना के अंतर्गत चावल राष्ट्रीय खाद्य सुरक्षा मिशन, गेहूँ राष्ट्रीय खाद्य सुरक्षा मिशन तथा दलहन राष्ट्रीय सुरक्षा मिशन को शामिल किया गया। इस योजना के अंतर्गत चावल के लिए चौदह राज्य, गेहूँ के लिए नौ राज्य तथा दलहन के लिए सोलह राज्यों को शामिल किया गया।

खाद्यान्न उत्पादन में आई स्थिरता एवं बढ़ती जनसंख्या के खाद्य उपभोग को ध्यान में रखते हुए भारत सरकार ने अगस्त, वर्ष 2007 में केन्द्र प्रायोजित राष्ट्रीय खाद्य

सुरक्षा मिशन योजना का शुभारंभ किया। इस योजना का मुख्य उद्देश्य सुस्थिर आधार पर गेहूँ, चावल व दलहन की उत्पादकता में वृद्धि लाना, जिससे देश में खाद्य सुरक्षा की स्थिति को सुनिश्चित किया जा सके। इसका दृष्टिकोण बढ़े हुए प्रौद्योगिकी के प्रसार एवं कृषि प्रबंधन पहल के माध्यम से इन फ़सलों के उत्पादन में व्याप्त अंतर को दूर करना है।

➢ राष्ट्रीय तिलहन एवं ऑयल पाम मिशन

यह योजना तिलहन एवं दलहन वाली फ़सलों का देश में उत्पादन बढ़ाने के लिए लागू की गई। इस समय की कृषि में दलहन तथा तिलहन के जो बीज उपलब्ध कराये जा रहे हैं, उसे दो वर्ष से अधिक उपयोग नहीं कर सकते हैं। दो वर्ष से अधिक उपयोग करने पर उत्पादन में कमी आ सकती है। इसलिए हर वर्ष नए बीजों का उपयोग करना होता है, लेकिन किसान आर्थिक कमज़ोरी की वजह से बीज नहीं ख़रीद पाते हैं। इसलिए भारत सरकार ने राष्ट्रीय तिलहन एवं ऑयल पाम मिशन लागू किया है। जिससे किसानों को अनुदान देकर बीज उपलब्ध कराये जाएँ।

➢ सतत् कृषि

यह योजना देश में कृषि खद्यान, मछली पालन अथवा पशुपालन को एक साथ बढ़ावा देने के लिए चल रही योजना है। कृषि खद्यान, मछली पालन, पशुपालन को एक साथ बढ़ावा देने के लिए केंद्र सरकार ने किसानों के लिए सतत् कृषि विकास योजना को शुरू किया। तालाब और बागवानी भूमि संरक्षण को बढ़ावा देने के लिए इस योजना को लाया गया। इस योजन के अंतर्गत चावल, गेहूँ, मोटे तिलहन, रेशम, डाल आधारित दो फ़सलों वाली कृषि पद्धति के लिए पचास प्रतिशत, जो अधिकतम दस हज़ार हेक्टेयर दिया जाएगा। बागवानी आधारित कृषि पद्धति के लिए पचास प्रतिशत, जो अधिकतम पच्चीस हज़ार हेक्टेयर तक दिया जाएगा। इसी तरह वृक्ष, पशुपालन, मछली पालन तथा डेयरी को बढ़ावा देने के लिए पचास प्रतिशत अनुदान दिया जाएगा।

➢ कृषि क्लीनिक और कृषि कारोबार केंद्र

ग्रामीण इलाकों में दवा और रोज़गार उपलब्ध करवाने के लिए इस योजना को लागू किया। ग्रामीण क्षेत्रों में किसान कृषि क्लिनिक खोल सके एवं किसानों को

आसानी से खेती कार्यों के लिए दवा और फ़सलों के लिए उपयुक्त रोग नियंत्रण के लिए सुविधा मिल सके, इसलिए भारत सरकार द्वारा यह योजना चलाई जा रही है। इस योजना का मुख्य उद्देश्य पूरे देश में कृषि क्लीनिक और कृषि कारोबार केंद्र (एसीएबीसी) की स्थापना को बढ़ावा देना है। फ़सलों की उत्पादकता को बढ़ाने और किसानों की आय को बढ़ाने के लिए विभिन्न पहलुओं पर किसानों को विशेषज्ञों की सलाह प्रदान करने के उद्देश्य से कृषि क्लीनिकों की परिकल्पना की गई थी। कृषि क्लीनिक के माध्यम से मृदा स्वास्थ्य, फ़सल पद्धति, पौधे की सुरक्षा, उपज के पश्चात तकनीकी, पशुओं के लिए उपचार सुविधाएँ, खाद्य और चारा प्रबंधन, विभिन्न फ़सलों का बाज़ार में मूल्य आदि क्षेत्रों में सहायता प्रदान की जाती है।

कृषि कारोबार केंद्र प्रशिक्षित कृषि पेशेवरों द्वारा स्थापित कृषि उद्यमों की व्यावसायिक इकाई है। ऐसे उद्यम में कृषि उपकरण किराए पर लेने और उनके रखरखाव, उद्यमिता विकास और आय सृजन के लिए फ़सल कटाई के पश्चात प्रबंधन तथा बाज़ार लिंकेज सहित कृषि और संबंधित क्षेत्रों की सेवाओं तथा उपकरण की बिक्री को शामिल किया जा सकता है। इस योजना में प्रशिक्षण और आरंभिक सहायता के लिए संपूर्ण वित्तीय सहायता शामिल है। इस योजना में सब्सिडी का प्रावधान भी है।

इस योजना का उद्देश्य किसानों को भुगतान के आधार पर अथवा कृषि उद्यमी के व्यापार मॉडल के आधार पर, स्थानीय ज़रूरतों और किसानों के लक्ष्य समूह के सामर्थ्य के आधार पर किसानों को निःशुल्क विस्तार और अन्य सुविधाएँ प्रदान करने के माध्यम से सार्वजनिक सेवाओं के प्रयासों को पूरा करना है। कृषि विकास को सहायता प्रदान करना है। बेरोज़गार कृषि स्नातकों, कृषि डिप्लोमा धारकों, कृषि में उच्चतर माध्यमिक और जैविक विज्ञान स्नातक के साथ कृषि संबंधी पाठ्यक्रम में स्नातकोत्तरों के लिए लाभप्रद स्व-रोज़गार का सृजन करना शामिल है।

➢ बागवानी उत्पाद के लिए शीत संग्रहगारों के आधुनिकीकरण के लिए पूँजी निवेश सहायिकी योजना

यह योजना शीत भंडार गृह, गोदाम आदि बागवानी संबंधित अधोसंरचना के निर्माण के लिए सहायता के उद्देश्य से चलाई गई योजना है। बागवानी करने

एवं उनकी फ़सलों को भंडारित करने के लिए भंडार गृह बनाने के लिए भारत सरकार यह योजना लेकर आई। इसके निर्माण में बहुत पैसा ख़र्च होता है, लेकिन बागवानी फ़सलों का सही दाम लेना आवश्यक है। विकास के लिए संचालित योजना के अंतर्गत विभिन्न प्रकार की अधोसंरचना तैयार करने के लिए अनुदान दिया जाता है। सरकार किसानों को अनुदान पर उद्योग स्थापित करने के लिए सहायता देती है।

किसान पेंशन योजना

देश में कृषि के क्षेत्र में आधुनिकीकरण से किसानों के जीवन में बदलाव ज़रूर आया है, लेकिन लघु व सीमांत किसानों की स्थिति आज भी नहीं सुधरी है। हर साल किसानों की आत्महत्या की घटनाएँ बढ़ रही हैं। इसे देखते हुए भारत सरकार ने वर्ष 2019 में किसान पेंशन योजना की शुरुआत की।

क्या है प्रधानमंत्री किसान पेंशन योजना?

भारत सरकार द्वारा शुरू की गई इस योजना के तहत ग़रीब किसानों को तीन हज़ार रुपये की मासिक पेंशन देने की मंजूरी दी गई और यदि किसी किसान की मृत्यु हो जाती है, तो उसकी पत्नी को पेंशन का आधा पैसा मिलेगा। प्रधानमंत्री किसान पेंशन योजना की एक ख़ास बात यह भी है कि इस योजना में किसान अपना जितना अंश देगा, उतना ही अंश सरकार भी अपनी तरफ़ से देगी। प्रधानमंत्री किसान पेंशन योजना देशभर के सभी छोटे और सीमांत किसानों के लिए स्वैच्छिक तथा अंशदायी पेंशन योजना है। इसके पहले चरण में सरकार पाँच करोड़ किसानों तक लाभ पहुँचाएगी। अठारह (18) से चालीस (40) वर्ष तक की आयु के किसान इस योजना से जुड़ सकेंगे। जिन्हें साठ (60) वर्ष पूरा करने के पश्चात तीन हज़ार (3000) रुपये मासिक पेंशन मिलेगी।

भारत सरकार इस पेंशन फंड में भी उतनी ही राशि का योगदान करेगी जितनी संबंधित किसान द्वारा दी जाएगी। इसमें अठारह (18) साल के किसान को हर महीने पचपन (55) रुपये देने होंगे और इतनी ही राशी सरकार भी देगी, लेकिन उनतीस (29) साल तक के किसान को हर महीने सौ (100) रुपये देने होंगे। इसी प्रकार चालीस (40) साल की उम्र तक जैसे-जैसे आयु बढ़ेगी, मासिक किश्त की राशि भी बढ़ती जाएगी। जो व्यक्ति जितनी किश्त अदा करेगा, सरकार द्वारा भी उतनी ही राशि उसके खाते में जमा करवाई जाएगी। हाँ, अगर लाभ पाने वाले व्यक्ति की मौत

हो जाती है, तो उसकी पत्नी को पचास प्रतिशत रकम मिलती रहेगी। इस योजना की एक ख़ास बात यह भी है कि किसान इस योजना में अपना मासिक योगदान सीधे प्रधानमंत्री किसान सम्मान निधि योजना के लिए दिए गए लाभों से भी ले सकते हैं। इस योजना का उद्देश्य पहले तीन सालों में न्यूनतम पाँच करोड़ लघु और सीमांत किसानों को कवर करना है, जिससे उन्हें जल्द से जल्द इस योजना के माध्यम से लाभ मिल सके।

किसान बिल 2020

नए कृषि बिल 2020 के बारे में जानने से पहले हमें पुराने कृषि बिल के बारे जानना ज़रूरी है। पुराने कृषि बिल के तहत कोई भी किसान अपनी फ़सल को निम्नलिखित तीन तरीक़ों से बेच सकता था-

- स्थानीय बाज़ार (Local Market) में
- कृषि उत्पाद बाज़ार समिति (Agricultural Produce Market Committee) APMC मंडी में
- न्यूनतम समर्थन मूल्य (Minimum Support Price) MSP में

जब किसी किसान की फ़सल मात्रा में कम होती है, तो वह अपनी फ़सल को जान-पहचान के साहूकार या दुकानदार को बेच देता है। स्थानीय बाज़ार में वही किसान जाते हैं, जो फ़सल की कम पैदावार करते हैं।

1. स्थानीय बाज़ार (Local Market)

जो किसान अधिक मात्रा में अनाज की उपज करे और उसे बेचना चाहे, तो उसके लिए एग्रीकल्चरल प्रोड्यूस मार्केट कमेटी (APMC) मंडी की स्थापना कर दी गई। जिसमें सरकार किसानों को अनाज के संग्रह, रखरखाव, सुरक्षा, जगह इत्यादि उपलब्ध करवाती है। एपीएमसी मंडी राज्य सरकार के अंतर्गत आती हैं और किसानों को अपने ट्रांसपोर्ट का ख़र्च उठाकर सिर्फ़ मंडी तक जाना होता है और बाक़ी कार्य निःशुल्क होता है।

2. एग्रीकल्चर प्रोड्यूस मार्केट कमेटी (APMC) मंडी

एपीएमसी मंडी अर्थात् कृषि उत्पाद बाज़ार समिति में प्रोसेस के लिए बिचौलिए होते हैं, जो ख़रीदार और विक्रेता के बीच की कड़ी होते हैं। बिचौलिए ही किसान के फ़सल की लोडिंग-अनलोडिंग करवाते हैं और अन्य चीज़ें भी देखते हैं।

3. मिनिमम सपोर्ट प्राइज़ (MSP)

जब एपीएमसी मंडी में ठगी और मुनाफ़ाखोरी बढ़ने लगी, तो सरकार द्वारा एक नया कानून लाया गया जिसे न्यूनतम समर्थन मूल्य (एमएसपी) कहते हैं। इस कानून के तहत फ़सलों के दाम तय कर दिए जाते हैं और सभी किसान उस तय किए गए दामों पर अपनी फ़सल दूसरों को बेचते हैं। अनाज न बिकने या कम दाम पर बिकने पर सरकार उसी एमएसपी मूल्य पर अनाज खुद ख़रीद लेती है।

पुराने कृषि कानून के नुकसान

इस कानून के आने से शुरुआत में किसानों को फ़ायदा मिला, लेकिन कुछ ही महीनों में भ्रष्टाचार, मुनाफ़ाखोरी और किसानों का आर्थिक शोषण बढ़ता चला गया। कुछ बड़े नुकसान भी सामने आने लगे। अत्यंत छोटे कृषकों को छोड़कर जिनके पास अधिक मात्रा में अनाज होता था, वे एपीएमसी मंडी नियम के कारण दूसरे नगरों, शहरों या ज़िलों में अपनी फ़सल नहीं बेच सकता था, क्योंकि ऐसा नियम था कि हर ज़िले की अपनी एपीएमसी मंडी होगी और किसान उसी मंडी में अपनी फ़सल बेचेंगे, दूसरी जगह नहीं बेच सकेंगे।

एपीएमसी मंडियों में बिचौलियों का बोलबाला होने लगा और फ़सलों के लिए होते बिडिंग प्रोसेस को वे पहले से ही काबू करने लगे। अपने फ़ायदे के लिए कम क़ीमत पर किसानों से अनाज लेकर अधिक क़ीमत पर बेचते थे, जिससे किसानों की आय और कम होने लगी। एमएसपी आने के बाद किसान सीधे सरकार को अनाज बेचने लगे, लेकिन किसानों की आर्थिक वृद्धि के लिए सरकार उनसे एमएसपी मूल्य पर अनाज ख़रीदकर बेहद कम दाम पर लोगों को राशन कार्ड पर बेचने के लिए बाध्य हो गई।

एमएसपी का पूरा प्रोसेस 'भारतीय खाद्य सुरक्षा और मानक प्राधिकरण' (Food Safety and Standards Authority of India— FSSAI) के अंतर्गत आता है। लालच में आकर यह ग़लत तरीक़े से काम करने लगी और किसानों को एमएसपी मूल्य पर बेचने के लिए लंबे और अपारदर्शी प्रोसेस से गुजारने लगी। जिससे किसानों की फ़सलें पुरानी और बासी हो जाती तथा लिए हुए बैंक लोन का ब्याज भी बढ़ता। इसके साथ ही ज़्यादा दिन होने के कारण फ़सलों के ख़राब होने का डर भी रहता। इसलिए एमएसपी के अधिकारी किसानों से कम दाम पर अनाज ख़रीदकर उसे एमएसपी रजिस्टर में सरकारी भाव में दिखा देते और मुनाफ़ा खाते। वर्तमान समय में सरकार गेहूँ को लगभग

19.25 रुपये प्रति किलोग्राम के भाव पर ख़रीदती है और जिसे मजबूरी में दो रुपये प्रति किलोग्राम पर बेचना पड़ता है। भारत के पास अच्छे अनाज संग्रह सिस्टम की कमी है, जिसकी वजह से हर साल बड़ी मात्रा में अनाज ख़राब हो जाता है और भारी नुकसान होता है।

नया किसान बिल 2020

20 और 22 सितंबर, वर्ष 2020 को लोकसभा के मानसून सत्र में कृषि बिल से संबंधित संसद ने तीन नए कानून पास किए और राष्ट्रपति ने इन्हें मंजूर कर दिया। इसके बाद से किसानों ने तीनों नए बिल के ख़िलाफ़ देशभर में आंदोलन शुरू कर दिए और वह इन्हें वापिस लेने की माँग कर रहें हैं। नए कृषि बिल पारित होने के बाद से किसान खुश नहीं हैं और उन्हें इस बात का डर है कि अगर यह बिल देश में आते हैं, तो 'कृषि उत्पाद बाज़ार समिति' (एपीएमसी) मंडियाँ ख़त्म हो जाएँगी। कृषि उत्पादन व्यापार और वाणिज्य (संवर्धन और सुविधा) विधेयक 2020 में कहा गया है कि किसान अब एपीएमसी मंडियों के बाहर किसी को भी अपनी उपज बेच सकता है, जिस पर कोई शुल्क नहीं लगेगा, जबकि एपीएमसी मंडियों में कृषि उत्पादों की ख़रीद पर विभिन्न राज्यों में अलग-अलग मंडी शुल्क व अन्य उपकर हैं। इसके चलते आढ़तियों और मंडी के कारोबारियों को डर है कि जब मंडी के बाहर बिना शुल्क का कारोबार होगा, तो कोई मंडी आना नहीं चाहेगा। किसानों को यह भी डर है कि नए कानून के बाद 'न्यूनतम समर्थन मूल्य' (एमएसपी) पर फ़सलों की ख़रीद सरकार बंद कर देगी। कृषि उत्पादन व्यापार और वाणिज्य (संवर्धन और सुविधा) विधेयक 2020 में इस संबंध में कोई व्याख्या नहीं है कि मंडी के बाहर जो ख़रीद होगी, वह न्यूनतम समर्थन मूल्य (एमएसपी) से नीचे के भाव पर नहीं होगी।

नए किसान बिल 2020 कौन से हैं?

नए किसान बिल 2020 तीन कृषि कानूनों की एक शृंखला है, जिसे वर्तमान सरकार ने अध्यादेश लाकर सदन में पारित करवाया, क्योंकि भारतीय संविधान के अनुसार आपदा-विपदा के समय जब सत्र सुचारू रूप से न चल रहे हों, तो राष्ट्रपति के पास यह अधिकार होता है कि वह किसी भी अध्यादेश को स्व-पारित कर सके। नए कृषि बिल 2020 के अंतर्गत जिन नए तीन कानूनों को शामिल किया गया है, वह हैं-

- कृषक उपज व्यापार और वाणिज्य (संवर्धन व सरलीकरण) कानून, 2020- Farmer's Produce Trade and Commerce (Promotion and Facilitation) Bill, 2020

- कृषक (सशक्तीकरण व संरक्षण) क़ीमत आश्वासन और कृषि सेवा पर करार कानून, 2020- The Farmer (Empowerment and Protection) Agreement of Price Assurance and Farm Services Bill, 2020
- आवश्यक वस्तु (संशोधन) कानून, 2020- The Essential Commodities (Amendment) Bill, 2020

1. कृषक उपज व्यापार और वाणिज्य (संवर्धन व सरलीकरण) कानून, 2020-

इस बिल के तहत किसान मनचाही जगह पर अपनी फ़सल को बेच सकते हैं। वह बिना किसी रुकावट के दूसरे राज्यों में भी फ़सल बेच और ख़रीद सकते हैं। इसका मतलब है कि एपीएमसी (APMC) के दायरे से बाहर भी फ़सलों की ख़रीद-बिक्री संभव है। साथ ही फ़सल की बिक्री पर कोई टैक्स नहीं लगेगा। किसानों को ऑनलाइन बिक्री की भी अनुमति होगी, जिससे उन्हें अपनी उपज के अच्छे दाम मिल सकेंगे।

एपीएमसी अर्थात् एग्रीकल्चर प्रोड्यूस मार्केट कमेटी वो बाज़ार है, जहाँ किसान अपना उत्पाद बेच सकते हैं। इन मंडियों का संचालन राज्य सरकारें करती हैं। हर राज्य में इनसे जुड़ा एपीएमसी एक्ट भी होता है। अधिकतर राज्यों में नियम है कि किसान अपनी फ़सल एपीएमसी मंडियों में ही बेच सकते हैं। बदले में उन्हें फ़सल का एमएसपी अर्थात् मिनिमम सपोर्ट प्राइज़ दिया जाता है।

इस बिल को लेकर किसानों को आशांका है कि किसान अगर सरकारी मंडियों के बाहर अपना उत्पाद बेचेंगे, तो राज्यों को राजस्व का नुकसान होगा। कमीशन एजेंट बेरोज़गार हो जाएँगे। न्यूनतम समर्थन मूल्य (एमएसपी) आधारित ख़रीद प्रणाली ख़त्म हो जाएगी। फ़सलों की सरकारी ख़रीद के साथ-साथ ई-ट्रेडिंग बंद हो जाएगी।

किसानों की आशांका को दूर करते हुए सरकार का कहना है कि न तो मंडियाँ बंद होंगी, न ही एमएसपी (MSP) प्रणाली ख़त्म होने जा रही है। इस कानून के ज़रिए पुरानी व्यवस्था के साथ-साथ किसानों को नए विकल्प उपलब्ध कराए जा रहे हैं। यह उनके लिए फ़ायदेमंद है। किसानों के पास उत्पादों की बिक्री के लिए ज़्यादा विकल्प उपलब्ध होंगे। बिचौलियों का रास्ता बंद हो जाएगा। प्रतिस्पर्धी डिजिटल व्यापार को बढ़ावा मिलेगा और किसानों को उत्पादों की बेहतर क़ीमत मिल पाएगी।

2. कृषक (सशक्तीकरण व संरक्षण) क़ीमत आश्वासन और कृषि सेवा पर करार कानून, 2020

इस बिल के अंतर्गत देशभर में कॉन्ट्रेक्ट फार्मिंग को लेकर व्यवस्था बनाने का प्रस्ताव है। फ़सल ख़राब होने पर उसके नुकसान की भरपाई किसानों को नहीं बल्कि एग्रीमेंट करने वाले पक्ष या कंपनियों को करनी होगी। किसान कंपनियों को अपनी क़ीमत पर फ़सल बेच सकेंगे, जिससे किसानों की आय में बढ़ोत्तरी होगी और बिचौलिया राज ख़त्म हो जाएगा। इस बिल का मक़सद है कि किसानों को उनकी फ़सल की निश्चित क़ीमत मिल पाए। इस बिल के तहत किसान अपनी फ़सल उगाने से पहले ही किसी भी व्यापारी से समझौता कर सकता है।

इस समझौते में फ़सल का मालिकाना हक़ किसान के पास ही रहेगा और उत्पादन के बाद व्यापारी को तय क़ीमत पर किसानों से उसका उत्पाद ख़रीदना होगा। हो सकता है कि व्यापारी खेती को स्पॉन्सर भी करे। अगर वो ऐसा करता है, तो उसे खेती की उपज में लगने वाले बीज, खाद आदि का ख़र्च भी उठाना होगा। ऐसे में इस ख़र्च को ध्यान में रखते हुए फ़सल की क़ीमत निर्धारित की जाएगी। बिल के मुताबिक़ व्यापारी को फ़सल की डिलिवरी के वक़्त ही तय क़ीमत का दो-तिहाई किसान को चुकाना होगा और जो पैसा बकाया रह जाएगा, उसे तीस दिनों के अंदर देना होगा। इसमें ये प्रावधान भी है कि खेत से फ़सल उठाने की ज़िम्मेदारी व्यापारी की होगी। अगर किसान अपनी फ़सल व्यापारी तक पहुँचाता है, तो इसका इंतज़ाम व्यापारी को ही करना होगा। बिल में इस बात का भी प्रावधान है कि अगर कोई एक पक्ष अग्रीमेंट तोड़ता है, तो उस पर पेनल्टी लगाई जा सकेगी।

इस बिल को लेकर किसानों को आशंका है कि अनुबंधित कृषि समझौते में किसानों का पक्ष कमज़ोर हो जाएगा। वे मोलभाव नहीं कर पाएँगे। प्रायोजक शायद छोटे व सीमांत किसानों की बड़ी संख्या को देखते हुए उनसे परहेज करें। बड़ी कंपनियाँ, निर्यातक, थोक विक्रेता व प्रसंस्करण इकाइयाँ किसी भी प्रकार के विवाद का लाभ उठाना चाहेंगी। कृषि क्षेत्र का भी पूँजीपतियों या कॉर्पोरेट घरानों के हाथों में चले जाने का ख़तरा है।

किसानों की आशंकाओं को लेकर सरकार का कहना है कि इस कानून का लाभ देश के 86 प्रतिशत किसानों को मिलेगा। किसान जब चाहें तब समझौता तोड़ सकते हैं, परंतु कंपनियाँ ऐसा करती हैं, तो उन्हें जुर्माना भरना होगा। तय

समय सीमा के भीतर ही विवादों का निपटारा हो सकेगा। खेत और फ़सल दोनों का मालिक हर स्थिति में किसान ही रहेगा। कृषि के क्षेत्र में शोध व विकास कार्यक्रमों को बढ़ावा मिलेगा। अनुबंधित किसानों को हर तरह के आधुनिक कृषि उपकरण मिल पाएँगे। किसानों को अपना उत्पाद बेचने के लिए मंडियों या व्यापारियों के चक्कर नहीं लगाने पड़ेंगे। खेत में ही उपज की गुणवत्ता जाँच, ग्रेडिंग, बैगिंग व परिवहन जैसी सुविधाएँ उपलब्ध होंगी। किसान को नियमित और समय पर भुगतान मिल सकेगा।

3. आवश्यक वस्तु (संशोधन) कानून, 2020

इस अधिनियम को सन् 1955 में बनाया गया था। अब इस बिल के अंतर्गत खाद्य तेल, तिलहन, दाल, प्याज और आलू जैसे कृषि उत्पादों पर से स्टॉक लिमिट हटा दी गई है। बहुत ज़रूरी होने पर ही इन पर स्टॉक लिमिट लगाई जाएगी। ऐसी स्थितियों में राष्ट्रीय आपदा, सूखा जैसी अपरिहार्य स्थितियाँ शामिल हैं। प्रोसेसर या वैल्यू चेन पार्टिसिपेंट्स के लिए ऐसी कोई स्टॉक लिमिट लागू नहीं होगी। उत्पादन, स्टोरेज और डिस्ट्रीब्यूशन पर सरकारी नियंत्रण समाप्त हो जाएगा।

आज़ादी के बाद देश में सूखे और अकाल जैसे हालात बन गए थे। उन हालातों को देखते हुए आवश्यक वस्तु कानून बनाया गया। यह कानून आवश्यक वस्तुओं की जमाखोरी रोकने के लिए और उनके प्रोडक्शन, सप्लाई तथा क़ीमतों को नियंत्रित रखने के लिए बनाया गया था। समय के साथ-साथ इस कानून में कई बदलाव हुए हैं। आवश्यक वस्तुओं की लिस्ट में कई चीज़ों को जोड़ा गया और कई चीज़ों को हटाया गया। इस बिल के तहत, सरकार के पास ये अधिकार होगा कि वो ज़रूरत के हिसाब से चीज़ों को आवश्यक वस्तुओं की लिस्ट से हटा सकती है या उसमें शामिल कर सकती है। सरकार युद्ध, अकाल, क़ीमतों में अप्रत्याशित उछाल या फिर गंभीर प्राकृतिक आपदा जैसी अति-असाधारण परिस्थिति में अनाज, दलहन, आलू, प्याज, तिलहन और तेल की सप्लाई पर नियंत्रण लगाएगी। किसी भी कृषि उत्पाद की जमाखोरी पर क़ीमतों के आधार पर ही एक्शन लिया जाएगा। जिस समय सब्जियों और फलों की क़ीमत में सौ प्रतिशत की बढ़ोत्तरी होगी या फिर जब ख़राब न होने वाले खाद्यान्नों की क़ीमत में पचास प्रतिशत तक का इज़ाफा होगा, तब इसे नियंत्रित करने के आदेश जारी किए जाएँगे।

इस बिल को लेकर किसानों को आशंका है कि असामान्य परिस्थितियों के लिए

तय की गई क़ीमत की सीमा इतनी अधिक होगी कि उसे हासिल करना आम आदमी के वश में नहीं होगा। बड़ी कंपनियाँ आवश्यक वस्तुओं का भंडारण करेंगी। यानी कंपनियाँ किसानों पर शर्तें थोपेंगी, जिससे उत्पादकों को उनके मन-मुताबिक़ क़ीमत नहीं मिल पाएगी।

किसानों की आशंकाओं को दूर करते हुए सरकार का कहना है कि कोल्ड स्टोर व खाद्य प्रसंस्करण उद्योग में निवेश बढ़ेगा, क्योंकि वे अपनी क्षमता के अनुरूप उत्पादों का भंडारण कर सकेंगे। इससे किसानों की फ़सल बर्बाद नहीं होगी और फ़सलों को लेकर किसानों की अनिश्चितता ख़त्म हो जाएगी। व्यापारी आलू व प्याज जैसी फ़सलों की भी ज़्यादा ख़रीद करके उनका कोल्ड स्टोर में भंडारण कर सकेंगे। इससे फ़सलों की ख़रीद के लिए प्रतिस्पर्धा बढ़ेगी और किसानों को उनके उत्पादों की उचित क़ीमत मिल पाएगी। कृषि क्षेत्र में निजी व प्रत्यक्ष विदेशी निवेश को बढ़ावा मिलेगा। कोल्ड स्टोर व खद्यान्न आपूर्ति श्रृंखला के आधुनिकीकरण में निवेश को प्रोत्साहन मिलेगा। किसानों की फ़सल बर्बाद नहीं होगी और उन्हें समुचित क़ीमत मिलेगी। जब सब्जियों की क़ीमत दोगुनी हो जाएगी या ख़राब न होने वाले अनाज का मूल्य पचास प्रतिशत बढ़ जाएगा, तो सरकार भंडारण की सीमा तय कर देगी। इस प्रकार किसान व ख़रीदार दोनों ही इसका लाभ ले सकेंगे।

11 फरवरी, 2021 इकनॉमिक्स टाइम्स की रिपोर्ट के अनुसार, नए कृषि बिलों के संदर्भ में नीति आयोग के उपाध्यक्ष राज़ीव कुमार का कहना है कि 'यह बिल किसानों को सशक्त बनाएँगे और कृषि के भविष्य पर इनका व्यापक प्रभाव पड़ेगा। ये कानून न केवल किसानों को सशक्त बनाएँगे, बल्कि ये किसानों और व्यापारियों के लिए एक समान व मुक्त पारिस्थितिकी तंत्र का निर्माण करेंगे, जिससे अनुकूल प्रतिस्पर्धा की भावना को बढ़ावा मिलेगा और व्यापार पारदर्शिता में सुधार होगा। किसान पहली बार अपने खेतों से सीधे बिक्री कर सकते हैं। उनके भीतर व्यापारियों के शोषण के जोखिम के बिना उद्यम स्वतंत्रता की भावना उत्पन्न होगी।'

किसान बिल 2020 के लाभ और हानियाँ

भारत सरकार ने किसानों के हित के लिए वर्ष 2020 में कृषि से जुड़े तीन नए बिल पारित किये और उनमें बदलाव किया। यह बिल भारतीय संसद के दोनों सदनों यानी

निम्न सदन लोकसभा व उच्च सदन राज्यसभा में पास हो चुके हैं और राष्ट्रपति द्वारा इन बिलों पर हस्ताक्षर करने के बाद से ये कानून का रूप भी ले चुके हैं। राज्य सरकारों द्वारा संचालित ढाई हज़ार के क़रीब एमएसपी मंडियाँ हैं, जहाँ पहले 67 प्रतिशत तक कृषि उपज की ख़रीद होती थी। वहीं, सरकारी ख़रीद में पंजाब और हरियाणा का हिस्सा लगभग 90 प्रतिशत है। इसी कारण कृषि और किसानों से जुड़े बिलों को लेकर देशभर में विरोध प्रदर्शन और आंदोलन हो रहे हैं। इसलिए यह जानना अत्यंत आवश्यक है कि इन बिलों में ऐसा क्या है और इसके क्या लाभ-हानियाँ हैं? सरकार ने तीनों कृषि बिलों से जुड़े एक-एक पहलू को अपनी तरफ़ से पूरी तरह स्पष्ट करने की कोशिश की है।

कृषि व किसान बिल 2020 के तहत उनसे जुड़े लाभों को लेकर सरकार का कहना है कि राज्यों की कृषि उत्पादन विपणन समिति यानि एग्रीकल्चरल प्रोड्यूस मार्केट कमेटी (एपीएमसी) के अधिकार बरकरार रहेंगे। इसलिए किसानों के पास सरकारी एजेंसियों का विकल्प खुला रहेगा। नए बिल किसानों को इंटरस्टेट ट्रेड (अंतर्राज्यीय व्यापार) को प्रोत्साहित करते हैं, जिससे किसान अपने उत्पादों को दूसरे राज्य में स्वतंत्र रूप से बेच सकेंगे। वर्तमान में एपीएमसी की ओर से विभिन्न वस्तुओं पर एक प्रतिशत से दस प्रतिशत तक बाज़ार शुल्क लगता है, लेकिन अब राज्य के बाज़ारों के बाहर व्यापार पर कोई राज्य या केंद्रीय कर नहीं लगाया जाएगा। किसी एपीएमसी टैक्स या कोई लेवी और शुल्क आदि का भुगतान नहीं होगा। इसलिए और कोई दस्तावेज की आवश्यकता भी नहीं पड़ेगी। ख़रीदार और विक्रेता दोनों इसका लाभ ले सकेंगे। एपीएमसी टैक्स का भुगतान निजी कंपनियों और व्यापारियों को करना होगा। किसानों को एपीएमसी टैक्स नहीं देना होगा। किसान कॉन्ट्रेक्ट फॉर्मिंग या अनुबंध खेती के लिए निजी व्यापारियों या एजेंसियों के साथ भी साझेदारी कर सकते हैं। कॉन्ट्रेक्ट फॉर्मिंग, निजी एजेंसियों को उत्पाद ख़रीदने की अनुमति देगी और कॉन्ट्रेक्ट केवल उत्पाद के लिए होगा। किसी भी निजी एजेंसियों को किसानों की भूमि के साथ कुछ भी करने की अनुमति नहीं होगी और न ही कॉन्ट्रेक्ट फॉर्मिंग अध्यादेश के तहत किसान की ज़मीन पर किसी भी प्रकार का निर्माण होगा।

इस समय किसान सरकार की ओर से निर्धारित दरों पर आश्रित हैं, लेकिन नए आदेश में किसान बड़े व्यापारियों और निर्यातकों के साथ जुड़ पाएँगे, जो आने वाले समय में खेती को लाभदायक बनाएँगे और किसानों को फ़ायदा होगा। हर राज्य में कृषि और उससे जुड़ी ख़रीद के लिए अलग-अलग कानून हैं। इस नए कानून के आने से एक समान केंद्रीय कानून सभी हितधारकों के लिए समानता के अवसर उपलब्ध

कराएगा। नए बिल कृषि के क्षेत्र में अधिक निवेश को प्रोत्साहित करेंगे, क्योंकि इससे प्रतिस्पर्धा बढ़ेगी। निजी निवेश खेती के बुनियादी ढाँचे को और मज़बूत करेगा तथा रोज़गार के अवसर पैदा करेगा। एपीएमसी प्रणाली के तहत जिस व्यापारी (आड़तिया/बिचौलिया) के पास लाइसेंस होता था, उसी को अनाज मंडियों में व्यापार करने की अनुमति थी, लेकिन इस नए विधेयक के तहत अब कोई भी पैन नंबर के साथ आसानी से व्यापार कर सकता है। इससे बिचौलियों का प्रतिबंध टूट जाएगा, जो पूरे भारत में एक अहम मुद्दा है। नया बिल बाज़ार की अनिश्चतिता के जोखिम को किसानों से निजी एजेंसियों और कंपनियों की तरफ़ ट्रांसफर करेगा। वर्ष 2015 में आई शांता कुमार समिति की रिपोर्ट के मुताबिक़ 94 प्रतिशत किसान पहले से ही निजी कंपनियों और व्यापारियों को अपने उत्पाद बेच रहे हैं। वहीं, एपीएमसी मंडियों में केवल छह प्रतिशत किसान न्यूनतम समर्थन मूल्य (एमएसपी) में सरकारी ख़रीद एजेंसियों को अपने उत्पाद बेचते हैं, लेकिन उन पर यानी छह प्रतिशत किसानों पर निजी कंपनियों और व्यापारियों को उत्पाद बेचने के लिए कोई प्रतिबंध नहीं है। ख़ास बात ये है कि भारत की सरकारी ख़रीद में पंजाब और हरियाणा का हिस्सा लगभग 90 प्रतिशत है। वहीं, शेष ख़रीददारी अधिकतर मध्य प्रदेश, राजस्थान और कुछ अन्य राज्यों से होती है। इसलिए ज़्यादातर राज्य पहले से ही ख़रीद योजनाओं से बाहर हैं।

किसान बिल 2020 से जुड़ी हानियों को देखते हुए किसानों के मन में संदेह है कि अगर कॉर्पोरेट्स और निजी कंपनियाँ आती हैं, तो वह कृषि क्षेत्र से लाभ प्राप्त करने की कोशिश करेंगी। बाज़ार क़ीमतें आमतौर पर एमएसपी क़ीमतों से ऊपर या समान नहीं होतीं। हर साल 23 फ़सलों के लिए एमएसपी घोषित होता है। सरकार ने एमएसपी प्रणाली को जारी रखने का बेशक आश्वासन दिया होगा, लेकिन भविष्य में इसके चरणबद्ध ढंग से समाप्त होने की संभावना है। विधेयकों से खाद्य पदार्थों के संग्रहण पर मौजूदा प्रतिबंधों को हटाने का इरादा दिखता है। किसानों को ऐसी आशंकाएँ हैं कि बड़े प्लेयर्स और बड़े किसान जमाख़ोरी का सहारा लेंगे, जिससे छोटे किसानों को नुकसान होगा, जैसे कि प्याज की क़ीमतों में। एपीएमसी के स्वामित्व वाली अनाज मंडियों को उन बिलों में शामिल नहीं किया गया है, जो इन पारंपरिक बाज़ारों को एक वैकल्पिक विकल्प के रूप में कमज़ोर करेगा। राज्य राजस्व को खो देंगे, जो बाज़ार शुल्क के रूप में एकत्र किया गया है।

21 सितंबर, 2020 बीबीसी रिपोर्ट के अनुसार, कृषि बिल से जुड़ी शंकाओं को लेकर अलग-अलग किसान संगठनों व किसानों का कहना है कि 'सरकार ने जो

भी कानून में कहा है वैसा तो पहले भी होता रहा है। कॉन्ट्रैक्ट फॉर्मिंग और अपनी फ़सलों को बाहर बेचने जैसी चीज़ें पहले भी होती रही हैं। मंडी के बाहर एमएसपी की व्यवस्था न होना ही सबसे बड़ा विवाद का बिंदु है। तीनों कानूनों से कोई बड़ी समस्या नहीं है, लेकिन इसमें मंडी के बराबर कोई दूसरी व्यवस्था बनाने का प्रावधान नहीं किया गया है। अगर कोई प्राइवेट प्लेयर इस क्षेत्र में उतर रहा है, तो उसके लिए भी एमएसपी की व्यवस्था होनी चाहिए। एक साल निजी कंपनियाँ अच्छे दामों में फ़सल ख़रीदेंगी, उसके बाद जब मंडियाँ बंद हो जाएँगी तो कॉर्पोरेट कंपनियाँ मनमाने दामों पर फ़सल की ख़रीद करेंगी।'

बिहार में वर्ष 2006 में एपीएमसी एक्ट को ख़त्म कर दिया गया था। इससे अनुमान लगाया गया था कि किसानों को राज्य में अपनी फ़सल अपने मनपसंद दामों में बेचने में मदद मिलेगी। कुछ किसान बिहार राज्य का हवाला देते हुए कहते हैं कि 'वहाँ मंडी सिस्टम समाप्त होने के बाद किसानों की हालत ठीक नहीं है और उनसे मनमाने दामों पर फ़सल ख़रीदी जाती है। अगर किसानों को लेकर बाज़ार की हालत ठीक होती, तो अभी तक बिहार के हालात क्यों नहीं सुधरे हैं? वहाँ पर प्राइवेट मंडियाँ, निवेश आदि की बात कही गई थी, लेकिन हर साल वहाँ के किसान अपनी फ़सल लाकर पंजाब-हरियाणा में बेचते हैं। प्राइवेट सेक्टर यही चाहता है कि जब मंडियाँ समाप्त हो जाएँ, तो उसकी पकड़ मज़बूत हो जाए। किसानों का डर भी यही है। जब मंडियाँ ख़त्म हो जाएँगी, तो एमएसपी भी ख़त्म हो जाएगी।'

वर्तमान में कृषि बिल 2020 को लेकर सरकार और किसानों के बीच असमंजस की स्थिति बनी हुई है। किसान इस बिल से नाखुश हैं, जिस वजह से वह लगातार बिल को वापिस लेने की माँग को लेकर आंदोलन कर रहे हैं, तो वहीं सरकार किसानों को समझा रही है और उनके समक्ष बिल से जुड़े कई प्रस्ताव रख चुकी है। आंदोलन शुरू होने के बाद से सरकार और किसानों के बीच कई बैठकें भी हो चुकी हैं, लेकिन अभी तक इस बिल को लेकर कोई समाधान नहीं निकल सका है।

□

भारतीय संस्कृति और कृषि

भारत पूरे विश्व में अपनी संस्कृति और कृषि के लिए पहचाना जाता है। भारतीय संस्कृति विश्व की सबसे प्राचीन संस्कृति है, जो लगभग पाँच हज़ार वर्ष पुरानी मानी जाती है। भारत की संस्कृति को हमेशा से ही कृषि के साथ जोड़कर देखा जाता रहा है। इसकी वजह यह है कि हमारे देश में बड़े पैमाने पर कृषि का कार्य होता है और भारत की जनसंख्या का एक बड़ा भाग कृषि करके अपने जीवन का यापन करता है। किसी भी देश की संस्कृति तभी मज़बूत बनेगी, जब उस देश की मिट्टी में उर्वरक शक्ति होगी। भारतीय संस्कृति में कृषि को उच्चतम स्थान इसलिए प्राप्त है, क्योंकि इस क्रिया के प्रारंभ होने से अन्न उत्पादित होने तक करोड़ों सूक्ष्म जीवियों से लेकर गाय-बैल, पशु-पक्षिओं एवं करोड़ों लोगों का पेट भरता है। हमारे देश का मुख्य व्यवसाय कृषि ही रहा है। ऋग्वेद एवं उत्तरवैदिक काल में आर्यो का मुख्य व्यवसाय कृषि ही था।

हिंदी साहित्य के इतिहास में कबीरदास, सूरदास, तुलसीदास से लेकर जयशंकर प्रसाद, निराला, नागार्जुन, केदारनाथ अग्रवाल, रामधारी सिंह दिनकर, भवानीप्रसाद मिश्र, केदारनाथ सिंह आदि कवियों के साथ-साथ प्रेमचंद, सुदर्शन, रेणू, शिवप्रसाद सिंह, मार्कंडेय, काशीनाथ सिंह, शिवमूर्ति, अमरकांत इत्यादि साहित्यकारों ने किसान को केंद्र में रखकर कृषि कार्यों एवं उससे जुड़ी समस्याओं और उनके जीवन-यापन के तौर-तरीक़ों को अपनी रचनाओं में गंभीरता से उकेरा है।

हरी-भरी खेतों की सरस्वती लहराई
मग्न किसानों के घर उन्मद बजी बधाई

इन पंक्तियों में निराला ने किसानों के कार्य क्षेत्र के बीच सरस्वती की प्रतिष्ठा की है। उन्होंने सरस्वती को मंदिरों, पूजा-पाठ के कर्मकांड से बाहर लाकर खेतों-खलिहानों में श्रमजीवी किसानों के सुख-दु:ख भरे जीवन क्षेत्र में स्थापित किया। इसके अतिरिक्त

मुंशी प्रेमचंद ने भी कृषक संस्कृति को साहित्य के केंद्र में प्रतिष्ठित किया और यह सन्देश दिया है कि कृषि-व्यवस्था और किसान के बिना भारतीय संस्कृति का कोई भी विश्लेषण अधूरा होगा। भारत की संस्कृति का मुख्य पक्ष कृषि संस्कृति है, जिसे बनाने में किसान-समाज की भूमिका है।

हमारी संस्कृति और उन्नत कृषि के दम पर ही भारत को विश्व गुरु की पदवी प्राप्त है। कृषि केवल व्यवसाय या अर्थव्यवस्था से ही जुड़ी हुई नहीं है, बल्कि यह तो देश की एक मुकम्मल सभ्यता और संस्कृति है। इसलिए यह कहा जा सकता है कि कृषि से ही हमारी संस्कृति का आधार है और कृषि समाज भारतीय संस्कृति एक अहम हिस्सा है।

उन्नति का आधार

हमारे देश की उन्नति हमारे देश की कृषि प्रणाली से जुड़ी हुई है। भारत की उन्नति का आधार ही कृषि व्यवस्था से है। कृषि व्यवस्था में जितना ज़्यादा सुधार होगा, देश उतना ही उन्नत बनेगा। विशाल भारत का एक विशाल भाग कृषि पर निर्भर है, जिनका जीवन कृषि से शुरू होकर कृषि पर ही ख़त्म होता है। हमारा देश की लगभग सत्तर प्रतिशत जनसंख्या गाँवों में निवास करती है और देश की आधी से ज़्यादा आबादी की आजीविका का मुख्य स्रोत कृषि है। हमारा देश विश्व में कृषि उत्पादों का दूसरा सबसे बड़ा उत्पादक देश है। देश की आधी से ज़्यादा जनसंख्या कृषि कार्यों में लगी हुई है। सन् 1960 से पहले यहाँ पर पारंपरिक रूप से कृषि होती थी, परंतु कुछ समय बाद देश में उच्च उपज बीजों का प्रयोग शुरू हो गया और भारत में हरित क्रांति आ गई। कीटनाशकों और रसायनों का प्रयोग बहुत अधिक बढ़ गया है। भारत की कृषि मानसून पर आधारित होती है। अच्छा मानसून आने पर फ़सल अच्छी होती है, लेकिन जिस वर्ष सूखा पड़ जाता है, उस वर्ष किसानों की फ़सल नष्ट हो जाती है। भारत में तीन प्रकार की फ़सलें पाई जाती हैं- ख़रीफ, रबी और जायद। भारतीय किसानों ने गन्ना सहित कई फ़सलों की खेती की शुरूआत की।

भारत की कृषि में चावल और गेहूँ सबसे महत्त्वपूर्ण खाद्य पदार्थ हैं। भारत मे मत्स्य पालन भी विशाल है। भारत दुनिया के शीर्ष दस मत्स्य पालन देशों में आता है। भारत मसालों का सबसे बड़ा उत्पादक, उपभोक्ता और निर्यातक है। भारतीय खाद्य और किराना बाज़ार दुनिया का छठा सबसे बड़ा बाज़ार है। भारतीय खाद्य प्रसंस्करण

उद्योग देश के कुल खाद्य बाज़ार का 32% है। भारत सबसे बड़े उद्योगों में से एक है। उत्पादन, उपभोग, निर्यात और अपेक्षित वृद्धि के मामले में भारत पाँचवें स्थान पर है। कृषि एक ऐसा क्षेत्र है, जो भारत में सबसे ज़्यादा लोगों को रोज़गार उपलब्ध करवाता है। कृषि का अर्थ केवल खेती से जुड़ा नहीं है, बल्कि इसमें पशुपालन भी शामिल है। भारत की अर्थव्यवस्था में कृषि की एक अहम भूमिका है। भारत के विकास के लिए कृषि क्षेत्र का विकास सबसे महत्त्वपूर्ण है और सरकार इसके लिए हर तरह से प्रयास कर रही है। कुछ दशक पहले तक भारत में कृषि बिलकुल उन्नत नहीं थी। प्राचीन औजारों का इस्तेमाल करके ही खेती की जाती थी। हरित क्रांति और वैश्वीकरण के आने के बाद से उन्नत तकनीक आ गई और साथ ही उच्च पैदावार देने वाली किस्मों का अविष्कार किया गया, जिससे कृषि क्षेत्र में बहुत समृद्धि हुई है।

भारत पहले अपनी जनसंख्या की पूर्ती के लिए अनाज पर्याप्त मात्रा में पैदावार नहीं कर पा रहा था और दूसरे देशों से आयात करना पड़ रहा था। ऐसा इसलिए था क्योंकि कृषि मुख्यत: मानसून पर निर्भर करती थी, लेकिन हरित क्रांति के बाद से भारत ने न केवल अपने लोगों के लिए पर्याप्त खाद्य पदार्थ पैदा किए, बल्कि अब यह खाद्यान्न का निर्यात करने में भी सक्षम हो गया है। आज़ादी के बाद सरकार ने कृषि के क्षेत्र में कई महत्त्वपूर्ण बदलाव करने का फ़ैसला लिया। सिंचाई के लिए बाँध बनाए गए, हैंड पंप लगाए गए, खाद्य उपलब्ध कराई गई और किसानों के लिए कई योजनाएँ भी शुरू की गईं। हरित क्रांति में अधिक पैदावार देने वाली किस्मों का आविष्कार किया गया। इसके साथ ही सिंचाई की नई तकनीकें भी काम में ली गईं, ताकि बारिश पर निर्भर न रहना पड़े। अब किसानों को बारिश की चिंता नहीं होती। अगर अब बारिश नहीं भी होती, तो फ़सलों को पर्याप्त पानी मिल जाता है और बेहतर पैदावार हो जाती है। हालाँकि अभी भी कृषि क्षेत्र में उन्नति की आवश्यकता है।

कृषि का अर्थ मुख्यत: खेती करना, फ़सलें उगाना और पशुपालन करना होता है। हालाँकि आज के समय में खेती को केवल फ़सलों के उत्पादन तक ही सीमित समझा जाता है, लेकिन यह इससे कहीं बड़ा क्षेत्र है जिसमें पशु पालन, दुग्ध उत्पादन आदि भी शामिल होते हैं। आज भी भारत की कुल आबादी में से सत्तर प्रतिशत जनसंख्या कृषि पर निर्भर करती है और बिगड़ते हालातों के साथ किसान ग़रीबी रेखा के नीचे जाते जा रहे हैं। हमारे देश की जनसंख्या लगातार बढ़ती जा रही है। बढ़ती जनसंख्या के साथ इसकी भोजन की माँग को पूरा करने के लिए कृषि के क्षेत्र

में और उन्नति करनी होगी। इसके लिए मानव को ऐसी तकनीकें इस्तेमाल करनी होंगी, जोकि बेहतर होने के साथ-साथ वातावरण को प्रदूषित न करती हों, जिससे भूमि उपजाऊ रहे और अधिक पैदावार करती रहे। अन्यथा निकट भविष्य में भारत में खाद्य संकट आ सकता है।

प्राचीन समय से ही भारत में कृषि का महत्त्व अधिक रहा है। यहाँ सभी मुख्य उद्योगों के लिए कृषि से ही कच्चा माल प्राप्त होता है, जैसे कपास, गन्ना आदि। इसके अतिरिक्त कई और भी उद्योग अप्रत्यक्ष रूप से कृषि पर निर्भर करते हैं, जैसे चावल मिल, तेल मिल आदि। ये वो उद्योग हैं जिन्हें कच्चा माल चाहिए होता है। हालाँकि बढ़ते औद्योगिकीकरण के बाद भी कृषि क्षेत्र में रोज़गार कम नहीं हो रहा है। नित नए अवसर पैदा हो रहे हैं। कृषि जगत में जैसे-जैसे और उन्नत तकनीकें आएँगी, तो इसमें और भी अवसर आने की संभावनाएँ बनेंगी।

अंतर्राष्ट्रीय व्यापार के क्षेत्र में कृषि की भूमिका अहम है। भारत द्वारा विश्व में मुख्यतः मसाले, तिलहन, तंबाकू और चाय आदि निर्यात किए जाते हैं। भारत द्वारा निर्यात किए गए कुल उत्पादों में से पचास प्रतिशत उत्पाद कृषि से जुड़े होते हैं। जो उत्पाद भारत से निर्यात किए जाते हैं, उन उत्पादों से देश की अर्थव्यवस्था को फ़ायदा होता है, लेकिन कभी-कभी कुछ कारणों से जैसे अत्यधिक कर आदि से नुकसान भी उठाना पड़ता है। सभी देशों में कर एक समान नहीं होते, लेकिन विकसित देशों में कर अधिक होते हैं। इसका कारण यह है कि वे इस क्षेत्र में प्रतिस्पर्धा नहीं बढ़ाना चाहते हैं और अपने देश के उद्योगों को बढ़ावा देना चाहते हैं, जिससे निर्यात किए गए उत्पाद की क़ीमत वहाँ अधिक हो जाती है।

कृषि उद्योग से अन्य उद्योग भी जुड़े हुए हैं। उदाहरण के तौर पर परिवहन विभाग कृषि विभाग का एक अहम हिस्सा है, क्योंकि कृषि उत्पाद को देश में एक जगह से दूसरी जगह लाने-ले जाने में या फिर एक देश से दूसरे देश में ले जाने में परिवहन की भूमिका होती है। इस तरह कृषि दूसरे उद्योगों का भी समर्थन करता है। अतः इससे यह सिद्ध होता है कि कृषि ही भारत अर्थव्यवस्था की रीढ़ है और एक अर्थव्यवस्था के रूप में यदि भारत को सफल होना है, तो कृषि को उन्नत बनाना होगा तभी भारतीय अर्थव्यवस्था समृद्ध हो पाएगी।

भारतीय कृषक की सामान्य दशा का यदि अवलोकन करें, तो हम पाते हैं कि हमारे ज़्यादातर किसान निरक्षर हैं। यह उनके पिछड़ेपन का एक प्रमुख कारण है। निर्धनता एवं अशिक्षा के कारण वे सरकार की कृषि संबंधी विभिन्न योजनाओं का लाभ

नहीं उठा पाते हैं। शिक्षा के अभाव में वे उन्नत बीज, कृषि के आधुनिक उपकरणों तथा उच्च तकनीकों से वंचित रह जाते हैं। भारतीय पारंपरिक रीति-रिवाज़ एवं बाह्य आडंबर आदि भी उनकी प्रगति के मार्ग की रुकावट बनते हैं। विगत कुछ वर्षों में विज्ञान एवं तकनीक के क्षेत्र में भारत ने विशेष प्रगति की है। संचार माध्यमों के विशेष प्रचार एवं प्रसार का सकारात्मक प्रभाव हमारी कृषि पर भी पड़ा है। रेडियो, टेलीविजन, मोबाइल, इंटरनेट आदि माध्यमों से हमारी सरकार एवं अन्य संस्थाएँ कृषकों को कृषि संबंधी जानकारी दे रही हैं तथा उन्हें उन्नत बीजों व विभिन्न वैज्ञानिकी तरीक़ों से अवगत करा रही हैं। इसके अलावा बैंकों के माध्यम से किसानों को कम ब्याज दर पर कर्ज़ उपलब्ध कराया जा रहा है, जिससे वे आधुनिक उपकरण तथा सिंचाई आदि का प्रबंध कर सकें।

सरकार के इन अथक प्रयासों के सकारात्मक परिणाम आने प्रारंभ हो गए हैं। कुछ राज्यों जैसे पंजाब, हरियाणा आदि ने कृषि के क्षेत्र में विशेष प्रगति की है। देश के दूसरे राज्यों में भी सुधार दिखाई देने लगे हैं। हमारे कृषकों की दशा में निरंतर सुधार से देश की अर्थव्यवस्था पर विशेष प्रभाव पड़ेगा। तब अवश्य ही एक स्वावलंबी, आत्मनिर्भर एवं अग्रणी भारत की हमारी परिकल्पना साकार हो सकेगी। किसानों की आर्थिक व सामाजिक उन्नति का आधार कृषि है। इससे न सिर्फ़ किसानों को लाभ होगा, बल्कि विकास को भी गति मिलेगी। किसान जब सुदृढ़ होगा, तो उनका गाँव ही नहीं, बल्कि गाँव के साथ-साथ ज़िला, शहर और देश भी समृद्ध होगा। इस प्रकार हम 'कृषि उन्नति का आधार' वाले लक्ष्य को सुनिश्चित कर सकेंगे।

कृषि जीवन और किसान

आज के समय में देश के किसानों की स्थिति बहुत ज़्यादा अच्छी नहीं है। एक किसान वह व्यक्ति है जो खेत पर काम करता है, दिन-रात मेहनत करके फ़सल उगाता है और सभी का पेट भरता है। एक भारतीय किसान का जीवन बहुत कठिन है। वह सुबह शीघ्र ही उठ जाता है और खेत में जाकर अपने कार्य में लग जाता है। किसान वर्ष भर खेतों व फ़सलों में व्यस्त रहता है। वह सर्दी, गर्मी, बरसात आदि किसी भी मौसम की परवाह नहीं करता और काम पूरा होने पर ही घर की ओर लौटता है। इस तरह की कड़ी मेहनत और बलिदान के बावजूद किसान अभी भी ग़रीबी में रहता है। कृषि

क्षेत्र के भारी आकार के बावजूद भारत में फ़सलों की प्रति हेक्टेयर उपज अंतर्राष्ट्रीय मानकों की तुलना में काफ़ी कम है। किसान अधिक शिक्षित नहीं होते तथा आर्थिक रूप से मज़बूत भी नहीं होते। किसान कृषि के अलावा पशुपालन पर भी निर्भर होते हैं। किसान हल और बैल की सहायता से भूमि को चीरकर उसमें बीज बोता है तथा बड़े धैर्य के बाद वहाँ से अन्न निकालता है।

कृषि जीवन में अनुचित जल प्रबंधन एक अन्य समस्या है। प्रमाण यह है कि कृषि क्षेत्र अत्यधिक अक्षम है तथा भूख और कुपोषण जैसी समस्याओं को सुलझाने में भी असमर्थ है। यह अनुमान है कि कुल कृषि उत्पादन को फ़सलों के भंडारण में अक्षमताओं के कारण खो दिया है, लेकिन इन सभी स्थितियों के बाद भी प्रयास किए जा रहे हैं। भारतीय खाद्य उद्योग भारी वृद्धि की ओर अग्रसर है। यह विश्व खाद्य व्यापार के लिए हर साल योगदान बढ़ाने के अलावा, विशेष रूप से खाद्य प्रसंस्करण उद्योग के लिए अपार क्षमता का विकल्प है।

हमारे देश में किसान को अन्नदाता कहा जाता है, क्योंकि वह अपनी ज़मीन पर अपनी मेहनत तथा अपने धन से अन्न उगाता है और बहुत ही मामूली क़ीमत पर साहूकारों को बेच देता है। आज़ादी के बाद दशकों तक किसान हेय स्तर का जीवन जीते रहे और कभी रोग से, तो कभी कर्ज़ से अपनी जान गँवाते रहे। किसानों की आत्महत्या के आँकड़े बहुत ही चिंतनीय हैं। भारत के किसानों की शिक्षा-दीक्षा न के बराबर होती है। बचपन से ही किसानों के बच्चे खेतों में अपना समय देते हैं, जिस वजह से वे पढ़ाई से वंचित रह जाते हैं। अन्य सबसे बड़ा कारण पैसों की कमी भी है, जिसके कारण किसान तथा उनका परिवार पोषण युक्त आहार नहीं ले पाता और तमाम तरह की बीमारियों से घिर जाता है। शिक्षा का अभाव और जागरूकता में कमी के कारण किसान अपनी ज़मीन तथा अनाज का उपयुक्त दाम नहीं ले पाता और शोषण का पात्र बनता है। ज़्यादातर किसानों का विवाह बहुत ही कम उम्र में कर दिया जाता है, जिससे पारिवारिक जीवन निर्वहन तथा समाज का दबाव उन पर बढ़ जाता है, जिस वजह से उन्हें अपने अनाज को कम दाम पर बेचने के लिए बाध्य होना पड़ता है। एक किसान सबसे ज़्यादा मेहनत करता है, लेकिन परिणाम के रूप में उसे बहुत मामूली रकम से ही संतुष्ट होना पड़ता है।

कृषि जीवन और किसान की सबसे बड़ी दिक्कतों में उसके अनाज का उपयुक्त दाम ना मिलना है। सरकारी ठेकेदार क्रय-विक्रय प्रक्रिया के बीच में बैठकर मुनाफ़ाख़ोरी करते हैं, जिसके कारण किसानों को भ्रष्टाचार से आहत होना पड़ता

है। कृषि जीवन में किसान की दूसरी सबसे बड़ी समस्या सिंचाई के लिए पानी का अभाव है। कभी-कभी समय पर सिंचाई ना मिलने के कारण फ़सल नष्ट हो जाती है, तो कभी-कभी प्राकृतिक आपदाओं के कारण किसान को बड़ी हानि का सामना करना पड़ता है। किसान के जीवन की तीसरी सबसे बड़ी दिक्कत सरकारी कर्ज़ का न मिलना है। इसके कारण उन्हें अधिक ब्याज दरों पर कर्ज़ लेने के लिए बाध्य होना पड़ता है। अचानक किसी भी नुकसान के कारण वह समय पर कर्ज़ को लौटा नहीं पाते और मजबूरी में आकर उन्हें आत्महत्या का रास्ता अपनाना पड़ता है। किसानों की चौथी सबसे बड़ी मूलभूत परेशानी कृषि के साधनों के महँगे होने से उनके उपयोग से वंचित रहना है। किसान खेती के लिए आमतौर पर बैल तथा हल का उपयोग करते हैं, जिसमें अधिक समय व श्रम लगता है। कृषि के साधन जैसे कि ट्रैक्टर, थ्रेसर, ट्रेलर आदि बेहद महँगे होते हैं, जिसे लघु व सीमांत किसानों के लिए ख़रीद पाना संभव नहीं होता है। सरकार द्वारा भी ऐसी कोई सुविधा नहीं होती जिसके माध्यम से वे इन साधनों को कम ब्याज दरों पर ख़रीद सके।

शिक्षा और स्वास्थ्य यह प्रत्यक्ष या परोक्ष रूप से धन से जुड़ा हुआ है। अगर किसान के पास धन होगा, तो वह अपने बच्चों को शिक्षा तथा पोषण युक्त आहार दे सकता है, लेकिन उसके रोज़गार में कम मुनाफ़े के कारण वह धन कमाने में असमर्थ रहता है। अगर किसानों के जीवन को सुधारना है, तो उन्हें सबसे पहले आर्थिक सहायता देनी पड़ेगी।

आज़ादी के दशकों वर्ष बाद भी किसानों की हालत ज्यों की त्यों बनी हुई है। देश की तमाम सरकारों द्वारा किसानों के लिए तरह-तरह की योजनाएँ भी निकाली गई, लेकिन ज़मीनी स्तर पर वह ना के बराबर ही पहुँच सकीं। किसानों को आत्महत्या की दशा तक पहुँचाने के मुख्य कारणों में खेती का आर्थिक दृष्टि से नुकसानदायक होना, भारतीय कृषि का मानसून पर निर्भर होना, मानसून की असफलता, सूखा, ऋण का बोझ तथा सरकार की किसान विरोधी नीतियाँ आदि ज़िम्मेदार कारक हैं। यही कारण है कि पिछले कई सालों में देश में कई बार किसान आंदोलनों ने ज़ोर पकड़ा है।

देश में कृषि भूमि के मालिकाना हक़ को लेकर विवाद सबसे बड़ा है। असमान भूमि वितरण के ख़िलाफ़ किसान कई बार आवाज़ उठाते रहे हैं। ज़मीनों का एक बड़ा हिस्सा बड़े किसानों, महाजनों और साहूकारों के पास है, जिस पर छोटे किसान काम करते हैं। ऐसे में अगर फ़सल अच्छी नहीं होती, तो छोटे किसान कर्ज़ में डूब जाते हैं।

किसानों को उनकी फ़सल का सही मूल्य नहीं मिल पाता। वहीं किसानों को अपना माल बेचने के लिए तमाम काग़ज़ी कार्यवाही भी पूरी करनी पड़ती है। जैसे अगर कोई किसान सरकारी केंद्र पर किसी उत्पाद को बेचना चाहता है, तो उसे गाँव के अधिकारी से एक काग़ज़ चाहिए होगा। ऐसे में कई बार कम पढ़े-लिखे किसान मजबूर होकर औने-पौने दामों पर अपना माल बेच देते हैं। अच्छी फ़सल के लिए अच्छे बीजों का होना बेहद ज़रूरी है, लेकिन सही वितरण तंत्र न होने के चलते छोटे किसानों की पहुँच में ये महँगे और अच्छे बीज नहीं होते हैं। उसके चलते इन्हें कोई लाभ नहीं मिलता और फ़सल की गुणवत्ता प्रभावित होती है।

भारत में मॉनसून की सटीक भविष्यवाणी नहीं की जा सकती। इसके बावजूद देश के तमाम हिस्सों में सिंचाई व्यवस्था की उन्नत तकनीकों का प्रसार नहीं हो सका है। पंजाब, हरियाणा, पश्चिमी उत्तर प्रदेश जैसे बड़े राज्यों में सिंचाई के लिए बेहतर इंतज़ाम हैं, लेकिन देश का एक बड़ा हिस्सा ऐसा भी है, जहाँ किसानों को कृषि के लिए मॉनसून पर निर्भर रहना पड़ता है। इसके अलावा भूमिगत जल के गिरते स्तर ने भी लोगों की समस्याओं में इज़ाफा किया है और इससे कृषि जीवन भी प्रभावित हुआ है। कई मानवीय कारणों के अलावा कुछ प्राकृतिक कारण भी किसानों और कृषि जीवन की परेशानियों को बढ़ा देते हैं। दरअसल उपजाऊ ज़मीन के बड़े इलाकों पर हवा और पानी के चलते मिट्टी का क्षरण। इसके चलते मिट्टी अपनी मूल क्षमता खो देती है और इसका असर फ़सल पर पड़ता है। कृषि के क्षेत्र में अब मशीनों का प्रयोग होने लगा है, लेकिन अब भी कुछ इलाके ऐसे हैं जहाँ एक बड़ा काम अब भी किसान स्वयं करते हैं। वे कृषि में पारंपरिक तरीक़ों का इस्तेमाल करते हैं। ख़ासकर ऐसे मामले छोटे और सीमांत किसानों के साथ अधिक देखने को मिलते हैं। इसका असर भी कृषि उत्पादों की गुणवत्ता और लागत पर साफ़ नज़र आता है।

आज भी भारत के ग्रामीण इलाकों में अच्छे भंडारण की सुविधाओं की कमी है। ऐसे में किसानों पर जल्द से जल्द फ़सल का सौदा करने का दबाव होता है। कई बार तो किसान औने-पौने दामों में ही अपनी फ़सल का सौदा कर लेते हैं। भंडारण सुविधाओं को लेकर ज़मीनी हालात अब तक नहीं बदले हैं। भारतीय कृषि की तरक्की में एक बड़ी बाधा अच्छी परिवहन व्यवस्था की कमी भी है। आज भी देश के कई गाँव और केंद्र ऐसे हैं, जो बाज़ारों और शहरों से नहीं जुड़े हैं। वहीं कुछ सड़कों पर मौसम का भी ख़ासा प्रभाव पड़ता है। ऐसे में किसान स्थानीय बाज़ारों में ही कम मूल्य पर सामान बेचे देते हैं। तकनीकी विस्तार ने पूँजी की इस आवश्यकता को और बढ़ा दिया

है, लेकिन इस क्षेत्र में पूँजी की कमी बनी हुई है। छोटे किसान महाजनों, व्यापारियों से ऊँची दरों पर कर्ज़ लेते हैं, लेकिन पिछले कुछ सालों में किसानों ने बैंकों से भी कर्ज़ लेना शुरू किया है, परन्तु उनके हालातों में बहुत ज़्यादा सुधार देखने को नहीं मिला है।

कृषि जीवन और किसानों को इस समस्या से बाहर लाने के लिए बड़ी धनराशि के साथ-साथ मज़बूत राजनीतिक प्रतिबद्धता भी चाहिए। जिस प्रकार अन्य क्षेत्रों को आगे बढ़ाने के लिए पूँजी की ज़रूरत होती है, उसी प्रकार कृषि के क्षेत्र को भी पनपने व और आगे ले जाने के लिए अधिक पूँजी की आवश्यकता है। अगर हम वाकई देश की उन्नति व विकास चाहते हैं, तो सर्वप्रथम हमें कृषि जीवन और किसानों की स्थिति में और अधिक सुधार करना होगा। तभी कृषि जीवन, संस्कृति तथा देश तीनों को बचाकर रखा जा सकता है।

भारतः एक कृषि प्रधान देश

भारत संरचनात्मक दृष्टि से गाँवों का देश है, जहाँ एक बड़े भू-भाग में ग्रामीण समुदाय निवास करता है। सभी ग्रामीण समुदायों में अधिक मात्रा में कृषि कार्य ही किया जाता है, इसीलिए भारत को कृषि प्रधान देश की संज्ञा भी मिली हुई है। लगभग सत्तर प्रतिशत भारतीय लोग किसान हैं, जो खाद्य फ़सलों, तिलहन, वाणिज्यिक फ़सलों आदि का उत्पादन करते हैं। वे हमारे उद्योगों के लिए कुछ कच्चे माल का भी उत्पादन करते हैं, इसलिए वे हमारे राष्ट्र के जीवन रक्त हैं। भारत में लगभग साठ से सत्तर प्रतिशत किसान प्रत्यक्ष या परोक्ष रूप से कृषि पर निर्भर हैं। भारतीय किसान पूरे दिन खेती करते हैं, बीज बोते हैं और रात में फ़सलों पर नज़र भी रखते हैं। वह आवारा मवेशियों से अपनी फ़सलों की सुरक्षा करते हैं। वह अपने बैलों का ख़्याल रखते हैं। आजकल कई राज्यों में बैलों की मदद से खेती करने कि संख्या लगभग ख़त्म हो गई है और ट्रैक्टर की मदद से खेती की जाती है। किसानों की पत्नियाँ और बच्चे भी खेती-बाड़ी में उनकी मदद करते हैं।

भारत के किसान आज भी ग़रीब हैं और उनकी ग़रीबी पूरी दुनिया में प्रसिद्ध है। किसान को सही से दो वक्त की रोटी भी नसीब नहीं हो पाती। वह अपने बच्चों को उच्च शिक्षा नहीं दिलवा पाते। किसान की पत्नी घर के कामों के साथ-साथ गौशाला साफ़ करती है, गाय और भैंसों के गोबर से उपले बनाती है, जो मानसून के महीनों के दौरान ईंधन के रूप में उपयोग होता है। भारत के लघु व सीमांत किसानों को गाँव के

दलालों द्वारा परेशान किया जाता है। वह साहूकारों और कर संग्राहकों से परेशान रहते हैं। किसानों के पास उपयुक्त निवास स्थान नहीं होता। वह भूसे और फूस की झोंपड़ी में रहते हैं। जबकि बड़े किसानों की स्थिति में बहुत सुधार हुआ है। छोटे भूमि धारकों और सीमांत किसानों की हालत आज भी असंतोषजनक है।

पुराने किसान ज़्यादातर पढ़े-लिखे नहीं होते थे, लेकिन नई पीढ़ी के अधिकांश किसान शिक्षित हैं। उनके शिक्षित होने से उन्हें बहुत मदद मिलती है। वे प्रयोगशाला में अपने खेतों की मिट्टी का परीक्षण करवा लेते हैं और समझ जाते हैं कि उनके खेतों में सबसे ज़्यादा फ़सल किसकी होगी। एक ग़रीब भारतीय किसान सरल और संभव तरीक़े से पारिवारिक और सामाजिक समारोह मनाता है।

पंजाब और हरियाणा जैसे राज्यों में पहली बार में हरित क्रांति से किसानों को बहुत मदद मिली, लेकिन कम क़ीमतों में बंपर फ़सलों की उपज के कारण उनके काम में बाधाएँ आनी शुरू हो गईं। किसानों की समस्याओं को देखते हुए उनकी हालत में सुधार किया जाना चाहिए। उन्हें खेती की आधुनिक विधि सिखाई जानी चाहिए, साक्षर बनाया जाना चाहिए, सरकार द्वारा हर संभव सहायता मिलनी चाहिए। देश का कल्याण किसानों के कल्याण पर ही निर्भर करता है।

भारत में किसान आत्महत्या सन् 1990 के बाद पैदा हुई स्थिति है, जिसमें हर साल दस हज़ार से ज़्यादा किसानों की आत्महत्या की रिपोर्ट दर्ज हुई हैं। राष्ट्रीय अपराध रिकॉर्ड ब्यूरो के आँकड़ों के अनुसार सन् 1997 से 2006 के बीच तक़रीबन 1,66,304 किसानों ने आत्महत्या की। भारतीय कृषि बहुत हद तक मानसून पर निर्भर है और मानसून की असफलता के कारण नक़दी फ़सलें नष्ट होना किसानों की आत्महत्या का मुख्य कारण माना जाता रहा है। मानसून की विफलता, सूखा, क़ीमतों में वृद्धि, ऋण का अत्यधिक बोझ आदि परिस्तिथियाँ किसानों के लिए समस्याओं का एक जाल बुनती रही हैं। बैंकों, महाजनों, बिचौलियों आदि के जाल में फँसकर भारत के विभिन्न हिस्सों के किसानों ने आत्महत्याएँ की हैं।

शुरू में ऐसा लग रहा था कि ज़्यादातर आत्महत्याएँ महाराष्ट्र के विदर्भ क्षेत्र के कपास उत्पादक किसानों ने की हैं, लेकिन महाराष्ट्र के राज्य अपराध लेखा कार्यालय के आँकड़ों से यह साफ़ हो गया कि पूरे महाराष्ट्र में कपास सहित अन्य नक़दी फ़सलों के किसानों की आत्महत्याओं की दर बहुत अधिक रही है। आत्महत्या करने वाले केवल छोटे किसान नहीं थे, बल्कि मध्यम और बड़े जोत वाले किसान भी थे। कृषि संकट के कारण महाराष्ट्र, कर्नाटक, केरल, आंध्र प्रदेश, पंजाब, मध्य प्रदेश

और छत्तीसगढ़ में भी किसानों ने आत्महत्याएँ की। 'राष्ट्रीय अपराध लेखा कार्यालय' (National Crime Record Bureau– NCRB) एनसीआरबी के आँकड़ों के अनुसार भारत में वर्ष 2008 में 16,196 किसानों ने आत्महत्या की थी। वर्ष 2009 के दौरान 17,368 किसानों की आत्महत्या की रिपोर्ट दर्ज हुई थी।

एनसीआरबी द्वारा प्रस्तुत किए गए आँकड़ों के अनुसार वर्ष 1994 से 2011 के बीच सात लाख पचास हज़ार से अधिक किसानों ने आत्महत्या की। आँकड़ें बताते हैं कि वर्ष 2004 के बाद से स्थिति बद से बदतर होती चली गई। सन् 1991 और 2001 की जनगणना के आँकड़ों की तुलना की जाए, तो यह स्पष्ट हो जाता है कि किसानों की संख्या कम होती चली जा रही है। वर्ष 2001 की जनगणना के आँकड़े बताते हैं कि पिछले दस वर्षों में सत्तर लाख किसानों ने खेती करना बंद कर दिया। वर्ष 2011 के आँकड़े बताते हैं कि पाँच राज्य महाराष्ट्र, कर्नाटक, आंध्र प्रदेश, मध्य प्रदेश और छत्तीसगढ़ में पंद्रह-सौ से ज़्यादा किसानों ने आत्महत्या की।

सरकार की तमाम कोशिशों और दावों के बावजूद कर्ज़ में डूबे किसानों की आत्महत्या का सिलसिला नहीं रुक रहा है। देश में हर महीने सत्तर से अधिक किसान आत्महत्या कर रहे हैं। किसानों को आत्महत्या की दशा तक पहुँचा देने के मुख्य कारणों में खेती का आर्थिक दृष्टि से नुकसानदायक होना और किसानों के भरण-पोषण में असमर्थ होना है। किसानों के लिए खेती का ख़र्च लगातार बढ़ रहा है, लेकिन आमदनी कम हो रही है। छोटे किसान आर्थिक तंगी की वजह से कर्ज़ में डूबे पड़े हैं। किसान संगठनों का कहना है कि अनाज की वास्तविक क़ीमतें किसानों को नहीं मिलती और उन्हें जीएम कंपनियों से कपास के काफ़ी महंगे बीज और खाद ख़रीदने होते हैं। जब फ़सल की सही क़ीमत नहीं मिलती, तो किसानों को आत्महत्या कर लेने के अलावा और कोई विकल्प नज़र नहीं आता। जब एक किसान आत्महत्या कर लेता है, तो उसका परिवार उसके असर में आ जाता है। घर के बच्चों और दूसरे सदस्यों पर खेती-बाड़ी की ज़िम्मेदारी आ जाती है। बच्चे स्कूल छोड़कर खेती-बाड़ी के कामों में हाथ बँटाने लगते हैं। एक किसान के परिवार को कर्ज़ विरासत में मिलता है और इस बात की आशंका लगातार बढ़ती जाती है कि पारिवारिक दबाव में आकर कुछ अन्य सदस्य भी आत्महत्या न कर लें।

भारत में जो खेती होती है उसमें हर चीज़ एक दूसरे से जुड़ी हुई है। खेती के लिए मानसून और सिंचाई का पानी दोनों चाहिए। इसके लिए कुशल जल प्रबंधन की ज़रूरत पड़ती है, ताकि सूखे और बाढ़ का सामना किया जा सके और बेहतर तरीक़े

से सिंचाई हो। मिट्टी बढ़िया होनी चाहिए। इसे पोषक तत्वों की ज़रूरत होती है, तभी अच्छी जुताई होती है। अच्छी मिट्टी के लिए उचित मौसम चाहिए। मौसम अच्छा हो तभी मिट्टी की ऊपरी परत पर सूक्ष्म जीव पैदा होते हैं। अगर मिट्टी की ऊपरी परत बढ़िया होगी, तो मिट्टी का क्षरण कम होगा और फ़सलों में पोषण भी भरपूर होगा। कृषि वैज्ञानिकों का कहना है कि तमाम वजहों से यह कृषि चेन कई जगहों से टूट जाती है। इन्हें जल्द से जल्द आपस में जोड़ने की ज़रूरत है। भारत में खेती की चालीस फ़ीसदी ज़मीन की मिट्टी को नुकसान पहुँच चुका है और इसकी भरपाई में लंबा समय लग जाएगा।

'भारत एक कृषि प्रधान देश है। भारत का मुख्य उद्योग कृषि है। यह किसानों का देश है। यहाँ सभी उद्योग खेती पर ही निर्भर हैं। देश की अर्थव्यवस्था में कृषि का योगदान महत्त्वपूर्ण है। हमारे जीवन में किसान का योगदान किसी ईश्वर से कम नहीं है; इत्यादि, इत्यादि।'

यह शब्द कहने और सुनने में जितने आसान लगते हैं, असल में हक़ीक़त कुछ और ही है। देश का एक पुरुष किसान ही नहीं, बल्कि एक महिला किसान भी दिन-रात मेहनत करती है। एक किसान की पत्नी तेज़ धूप में अपने नन्हे शिशु को पीठ पर बाँधकर, खेती में अपने पति का हाथ बँटाती है। एक किसान पौधे के बीज से लेकर उस पौधे के बड़े होने तक का इंतज़ार करता है और उससे अन्न प्राप्त करके हमारी मूल आवश्यकताओं को पूर्ण करता है।

कृषि और किसान की दशा ही भारत की दशा है, पर यह खेद की बात है कि भारत में किसान की जैसी विचारणीय दशा है, वैसी किसी और की नहीं। आजतक किसानों के लिए हुआ क्या? एक लंबा समय बीत जाने पर आज भी किसान की दशा संतोषजनक नहीं है। उसे भर-पेट अन्न और शरीर ढाँपने को पर्याप्त वस्त्र भी नहीं मिलता है। यह तो नहीं कहा जा सकता कि उसकी दशा में कुछ अंतर नहीं हुआ, किंतु सुधार जितना होना चाहिए था, वो नहीं हुआ। सबका अन्नदाता आज भी अन्न को तरसता है।

कई दिनों तक चूल्हा रोया, चक्की रही उदास
कई दिनों तक कानी कुतिया सोई उनके पास
कई दिनों तक लगी भीत पर छिपकलियों की गश्त
कई दिनों तक चूहों की भी हालत रही शिकस्त।

दाने आए घर के अंदर कई दिनों के बाद
धुआँ उठा आँगन से ऊपर कई दिनों के बाद
चमक उठी घर भर की आँखें कई दिनों के बाद
कौए ने खुजलाई पाँखें कई दिनों के बाद।

– अकाल और उसके बाद/नागार्जुन

□

भाग–2

भारत की प्राचीन कृषि व्यवस्था

कृषि की दृष्टि से भारत एक महत्त्वपूर्ण देश है। इसकी दो-तिहाई जनसंख्या कृषि कार्यों में संलग्न है। कृषि एक प्राथमिक क्रिया है, जो हमारे लिए अधिकांश खाद्यान्न उत्पन्न करती है। खाद्यान्नों के अतिरिक्त यह विभिन्न उद्योगों के लिए कच्चा माल भी पैदा करती है। इसके अतिरक्ति, कुछ उत्पादों जैसे- चाय, कॉफी, मसाले इत्यादि का भी निर्यात किया जाता है। मनुष्य ने पहले-पहल कब, कहाँ और कैसे खेती करना आरंभ किया, इसका उत्तर सहज नहीं है। सभी देशों के इतिहास में खेती के विषय में कुछ न कुछ कहा गया है। कुछ भूमि अब भी ऐसी हैं, जहाँ पर खेती नहीं होती। कृषि के क्षेत्र में अलग-अलग युगों में और अलग-अलग देशों में क्रान्तियाँ हुईं। ऐसा माना जाता है कि भारत में नौ-हज़ार ईसा पूर्व तक पौधे उगाने, फ़सलें उगाने, पशु पालने और कृषि करने का काम शुरू हो गया था। शीघ्र यहाँ के मानव ने व्यवस्थित जीवन जीना शूरू किया और कृषि के लिए औजार तथा तकनीकें विकसित कर लीं। दोहरा मानसून होने के कारण एक ही वर्ष में दो फ़सलें ली जाने लगीं। इसके फलस्वरूप भारतीय कृषि उत्पाद तत्कालीन वाणिज्य व्यवस्था के द्वारा विश्व बाज़ार में पहुँचना शुरू हो गया। दूसरे देशों से भी कुछ फ़सलें भारत में आईं। पादप एवं पशु की पूजा भी की जाने लगी, क्योंकि जीवन के लिए उनका महत्त्व समझा गया।

भारत के अधिकांश उत्सव सीधे कृषि से जुड़े हुए हैं। भारत में कृषि सिंधु घाटी सभ्यता के दौर से की जाती रही है। कृषि का विकास कम से कम दस हज़ार वर्ष पूर्व हो चुका था। तब से अब तक कृषि के क्षेत्र में बहुत से महत्त्वपूर्ण परिवर्तन हो चुके हैं। कृषि भूमि को खोदकर अथवा जोतकर और बीज बोकर व्यवस्थित रूप से अनाज उत्पन्न करने की प्रक्रिया को कृषि अथवा खेती कहते हैं।

ऐसा कहा जाता है कि पृथ्वी पर क्रमिक विकास के फलस्वरूप लगभग 1.5 मिलियन वर्ष पूर्व पहला मनुष्य 'आदि मानव' (Homeoerectus) अफ्रीका और इंडोनेशिया में उद्भव हुआ और लगभग आज से 32,000 वर्ष पूर्व आधुनिक मानव

जिसे 'क्रोमेगनान मानव' भी कहते हैं, का यूरोप के इलाके में उद्भव हुआ। आठ हज़ार सात-सौ (8700) ईसा पूर्व मनुष्य जाति ने भेड़ पालन शुरू कर दिया था और ईसा से लगभग सात हज़ार सात-सौ (7700) साल पहले मानव ने बकरी पालन का व्यवसाय आरंभ कर दिया था। लगभग सात हज़ार पाँच-सौ (7500) ईसा पूर्व मनुष्य जाति ने गेहूँ और जौ की खेती प्रारंभ की और ईसा से लगभग चार हज़ार चार-सौ (4400) वर्ष पूर्व मनुष्य ने मक्का की खेती आरंभ कर दी। लगभग तीन हज़ार पाँच-सौ (3500) ईसा वर्ष पूर्व आलू की खेती प्रारंभ हुई, तीन हज़ार चार-सौ (3400) ईसा पूर्व पहिये का आविष्कार हुआ और लगभग तीन हज़ार (3000) ईसा वर्ष पूर्व मनुष्य ने काँसा (Bronze) धातु का आविष्कार कर लिया। दो हज़ार नौ-सौ (2900) ईसा वर्ष पूर्व मनुष्य ने हल का आविष्कार करके सिंचित खेती शुरू कर दी। दो हज़ार सात-सौ (2700) ईसा वर्ष पूर्व चीन में रेशम के कीड़े की पहचान हुई और चीनियों से रेशम के कीड़े का पालन करके रेशम बनाना शुरू कर दिया। सोहलवीं शताब्दी में पुर्तगालियों द्वारा आलू, शकरकंदी, मिर्च, टमाटर, पपीता, अन्नानास, अमरूद, मूंगफली, तंबाकू आदि फ़सलें भारत में लायी गई।

प्राचीन काल से ही भारत में खेती एक मुख्य व्यवसाय के रूप में विद्यमान है। कृषि की शुरुआत होने से लेकर आजतक इसके स्वरूप में समय-समय पर परिवर्तन हुआ है, जो अब भी जारी है। हमारे देश के अलग-अलग हिस्सों में अलग-अलग प्रकार की खेती की जाती है, क्योंकि समस्त भारत में जलवायु, भूमि की उर्वरक क्षमता और मिट्टी के प्रकार अलग-अलग हैं।

प्राचीन समय में कृषि एक मुख्य विकास था, जो सभ्यताओं के उदय का कारण बना। इसमें पालतू जानवरों का पालन किया गया और पौधों (फ़सलों) को उगाया गया, जिससे अतिरिक्त खाद्य का उत्पादन हुआ। इसने अधिक घनी आबादी और स्तरीकृत समाज के विकास को सक्षम बनाया। कृषि का अध्ययन कृषि विज्ञान के रूप में जाना जाता है तथा इसी से संबंधित विषय बागवानी का अध्ययन बागवानी (हॉर्टिकल्चर) में किया जाता है। तकनीकों की बहुत सी किस्में कृषि के अंतर्गत आती हैं। इसमें वो तरीक़े शामिल हैं, जिनसे पौधे उगाने के लिए उपयुक्त भूमि का विस्तार किया जाता है। इसके लिए पानी के चैनल खोदे जाते हैं और सिंचाई के अन्य रूपों का उपयोग किया जाता है। कृषि योग्य भूमि पर फ़सलों को उगाना और चारागाहों तथा रेंजलैंड पर पशुधन को गड़रियों के द्वारा चराया जाना, मुख्यतः कृषि से संबंधित रहा है। कृषि के भिन्न रूपों की पहचान करना व उनकी मात्रात्मक वृद्धि, पिछली शताब्दी में विचार

के मुख्य मुद्दे बन गए। विकसित दुनिया में कृषि जैविक खेती से लेकर गहन कृषि तक फैली है। आधुनिक एग्रोनोमी, पौधों में संकरण, कीटनाशकों और उर्वरकों तथा तकनीकी सुधारों ने फ़सलों से होने वाले उत्पादन को तेज़ी से बढ़ाया है। साथ ही यह व्यापक रूप से पारिस्थितिक क्षति का कारण भी बना है और इसने मनुष्य के स्वास्थ्य पर प्रतिकूल प्रभाव डाला है। चयनात्मक प्रजनन और पशुपालन की आधुनिक प्रथाओं जैसे गहन सूअर खेती ने माँस के उत्पादन में वृद्धि की है, लेकिन इससे पशु क्रूरता, प्रतिजैविक (एंटीबायोटिक) दवाओं के स्वास्थ्य प्रभाव, वृद्धि हॉर्मोन और माँस के औद्योगिक उत्पादन में सामान्य रूप से काम में लिए जाने वाले रसायनों के बारे में मुद्दे सामने आए हैं। प्रमुख कृषि उत्पादों को मोटे तौर पर भोजन, रेशा, ईंधन, कच्चा माल, फार्मास्यूटिकल्स और उद्दीपकों में समूहित किया जा सकता है। साथ ही सजावटी या विदेशी उत्पादों की भी एक श्रेणी है।

कृषि के प्रकार

कृषि को मुख्यतः दो वर्गों में विभाजित किया जाता है, 'कृषि की प्रणालियाँ' और 'कृषि के प्रकार'। जब सामाजिक एवं आर्थिक प्रबंध की विधि के आधार पर कृषि का वर्गीकरण करते हैं, तो उसे कृषि प्रणाली कहते हैं। जैसे- व्यक्तिगत कृषि, सामूहिक कृषि, पूँजीवादी कृषि, सहकारी कृषि आदि। कृषि प्रणाली से अभिप्राय कृषि में आर्थिक और सामाजिक क्रियाओं से है, जिनके अंतर्गत कृषि का कार्य संपन्न होता है। कृषि हमारे देश की प्राचीन आर्थिक क्रिया है। पिछले हज़ारों वर्षों के दौरान भौतिक पर्यावरण, प्रौद्योगिकी और सामाजिक-सांस्कृतिक रीति-रिवाज़ों के अनुसार खेती करने की विधियों में सार्थक परिवर्तन हुआ है। जीवन निर्वाह खेती से लेकर वाणिज्य खेती तक कृषि के अनेक प्रकार हैं।

➢ पारंपरिक कृषि

पारंपरिक खेती का अर्थ परंपरागत कृषि प्रणाली से है, जो सदियों से चली आ रही है। इस प्रकार की खेती में ज़मीन को हल और बैल की सहायता से जोतकर उसमें बीज की बुआई करके खेती की जाती है। खेतों की सिंचाई वर्षा या उपलब्ध कृत्रिम साधनों जैसे कुआँ, जलाशय, नहर आदि द्वारा की जाती है। पारंपरिक खेती में मानव-श्रम का अधिकतम उपयोग होता है। इस प्रकार की खेती में उत्पादन की अनिश्चता बनी रहती है। पारंपरिक खेती को आधुनिक खेती की ओर ले जाने के लिए सरकारें भी अनेक प्रयास कर रही हैं। इसके

फलस्वरूप किसानों को उच्च और वैज्ञानिक ढंग से खेती करने के लिए किसानों को प्रोत्साहित किया जा रहा है। इसके लिए किसानों को प्रशिक्षण के साथ-साथ प्रमाणित और उच्च गुणवत्ता के बीज भी उपलब्ध कराये जा रहे हैं, लेकिन देश के अधिकांश भाग में अभी भी किसान साधन और ज्ञान के अभाव में परंपरागत खेती कर रहे हैं।

➢ स्थानांतरण कृषि

स्थानांत्रित कृषि पद्धति को 'झूम खेती' भी कहा जाता है। इस प्रकार की खेती वन और पहाड़ी भागों में प्रचलित है, परंतु इस प्रकार की खेती भारत में अब बहुत ही कम देखने को मिलती है। कुछ आदिवासी आज भी इस प्रकार की खेती करते हैं। इस प्रकार की खेती स्थाई नहीं होती है। इस कृषि पद्धति में उत्पादन बहुत कम होता है और यह पर्यावरण के लिए भी हानिकारक है। स्थानांतरण कृषि के लिए किसान बरसात के पहले जंगल के एक निश्चित भू-भाग में पेड़ों व झाड़ियों को काटकर और उनके जलाकर मैदान को साफ़ करते हैं। इसके बाद इन साफ़ मैदान पर खेती की जाती है। इस प्रकार की कृषि भारत में असम, मेघालय, नागालैंड, मणिपुर, त्रिपुरा, मिज़ोरम अरुणाचल प्रदेश, ओडिशा, मध्य प्रदेश, छत्तीसगढ़ एवं आंध्र प्रदेश में मुख्यत: की जाती है। इस प्रकार की कृषि में प्राय: सूखी धान, मक्का, बाजरा आदि की कृषि होती है। इसे असम में झूम खेती, ओडिशा और आंध्र प्रदेश में पोडू, मध्य प्रदेश में बेवर और केरल में पोनम के नाम से जाना जाता है।

➢ जीविका कृषि

आजीविका मात्र के लिए कृषि करना ही जीविका कृषि कहलाती है। इस प्रकार की खेती को गहन खेती भी कहा जाता है। इस तरह की खेती ऐसे इलाकों में की जाती है, जहाँ जनसंख्या ज़्यादा और खेती के लिए ज़मीन कम होती है। किसान ज़मीन के छोटे टुकड़ों पर ही खेती करके ज़्यादा से ज़्यादा उत्पादन की कोशिश करते हैं। हमारे देश में अधिकांश छोटे किसान इसी प्रकार की खेती करते हैं। किसान और उसका परिवार मानव श्रम व पशुओं की सहायता से घरेलू माँग की पूर्ति व स्थानीय बाज़ार में बिक्री के लिए अनाज पैदा करते हैं। इस प्रकार की कृषि में खाद्य फ़सलों को वरीयता दी जाती है और सालभर फ़सलें सघन रूप से उगाई जाती हैं। जीविका कृषि में किसान कई तरह की फ़सलों का

उत्पादन करता है और यह उत्पादन परिवार की ज़रूरतों के आधार पर ही होता है। इस प्रकार की कृषि पद्धति में खेत छोटे और उपज कम होती है। किसान ग़रीब होते हैं। इस तरह के किसान पुराने और परंपरागत तरीक़े के उपकरणों का इस्तेमाल करके खेती करते हैं। इस तरह की खेती में सभी प्रकार की खाद, जैसे- घर के कचरे, पशु के गोबर, हरी खाद और कुछ रासायनिक उर्वरक का उपयोग किया जाता है।

- **व्यापक कृषि**

व्यापक कृषि कम जनसंख्या वाले क्षेत्रों और देशों में अपनाई जाती है। यह आधुनिक प्रकार की खेती है, जिसे बड़े पैमाने पर विकसित देशों और भारत के कुछ हिस्सों में देखा जा सकता है। व्यापक कृषि मानव श्रम के स्थान पर मशीनरी पर निर्भर करती है। अधिक पैदावार और लाभ प्राप्त करने के लिए बड़े खेतों में इसका प्रयोग किया जाता है। बड़ी भूमि जोत के कारण कुल फ़सल उत्पादन अधिक है, लेकिन प्रति इकाई उत्पादन के मामले में कम है। रासायनिक उर्वरकों और कीटनाशकों के कम उपयोग के कारण, यह पर्यावरण के अनुकूल तरीक़ा है, क्योंकि यह पर्यावरण को नुकसान नहीं पहुँचाता है। भारत में हिमालय के तराई क्षेत्र और उत्तर पश्चिमी राज्यों में व्यापक कृषि बड़े स्तर पर होती है।

- **बागान कृषि**

बागान कृषि को बागाती, बागानी या रोपण कृषि भी कहा जाता है। इस प्रणाली को अकसर ऐसी फ़सलों के लिए उपयोग किया जाता है, जिनको उगाने के लिए बहुत बड़े क्षेत्रफल और लंबी अवधि की आवश्यकता होती है, जैसे- नारियल, रबड़, चाय, कॉफी, कोको, मसाले, फल इत्यादि। बागान कृषि के लिए बहुत अधिक पूँजी एवं श्रम की आवश्यकता होती है। इस प्रकार की खेती में फ़सल को एक बार लगाने से उनसे वर्षों उत्पादन लिया जाता है। भारत में मुख्यतः चाय, कॉफी, नारियल और रबर की बागान खेती की जाती है। इस प्रकार की खेती केरल, असम, कर्नाटक और महाराष्ट्र में देखी जा सकती है।

- **व्यावसायिक कृषि**

यह खेती का एक आधुनिक तरीक़ा है। इससे बड़े पैमाने पर खेती की जाती है। व्यापारिक कृषि में फ़सलों को व्यावसायिक उपयोग के लिए उगाया जाता

है। इस प्रकार की खेती में बड़ी भूमि, श्रम और मशीनों का उपयोग किया जाता है। व्यावसायिक खेती का मुख्य उद्देश्य उत्पादन लागत को कम करना है। यह आमतौर पर कम आबादी वाले क्षेत्रों में की जाती है। इस प्रकार की खेती सघन खेती भी हो सकती है और व्यापक खेती भी। भारत में व्यावसायिक खेती ज़्यादा प्रचलित नहीं है, क्योंकि यहाँ की भूमि पर जनसंख्या का घनत्व अधिक है, लेकिन भूमि सुधारों के कारण पंजाब, हरियाणा, गुजरात, महाराष्ट्र, पश्चिमी उत्तर प्रदेश, पश्चिम बंगाल, असम और कुछ अन्य हिस्सों में व्यावसायिक खेती का विकास हुआ है। इस तरह की खेती में गेहूँ, गन्ना, कपास, जूट और तिलहन फ़सलों का उत्पादन होता है।

- **वाणिज्यिक कृषि**

वाणिज्यिक कृषि का लक्ष्य एक उच्च उपज वाली फ़सल पैदा करना होता है, ताकि उत्पाद को लाभ के लिए दूसरे क्षेत्रों में निर्यात किया जा सके। इस प्रकार की कृषि का मुख्य लक्ष्य आधुनिक निवेशों, जैसे- अधिक पैदावार देने वाले बीजों, रासायनिक उर्वरकों और कीटनाशकों के प्रयोग से उच्च पैदावार प्राप्त करना है। गेहूँ, कपास, गन्ना, तंबाकू और मक्का कुछ वाणिज्यिक फ़सलें हैं और ये उत्तर प्रदेश, गुजरात, पंजाब, हरियाणा और महाराष्ट्र सहित राज्यों में नकद बिक्री हेतु उगाए जाते हैं। यहाँ यह भी ज़िक्र करना आवश्यक है कि, कृषि के वाणिज्यिकरण का स्तर अलग-अलग राज्यों में अलग-अलग है। जैसे- हरियाणा और पंजाब में चावल वाणिज्यिक फ़सल है, परंतु उड़ीसा में यह एक जीविका फ़सल है।

- **मिश्रित कृषि**

जब फ़सलों के उत्पादन के साथ-साथ पशुपालन भी किया जाता है, तो इसे मिश्रित कृषि कहते हैं। इस प्रकार की कृषि उत्पादन में फ़सलों और पशुओं का योगदान होता है। यह घनी आबादी वाले क्षेत्रों में प्रचलित है। इस प्रकार की खेती में आमतौर पर पैदावार अच्छी होती है। खेती के कुशल तरीक़े, परिवहन के त्वरित साधन और आसपास के क्षेत्रों में तैयार बाज़ारों से किसानों को अच्छा फ़ायदा मिलता है। संक्षेप में कहें तो भारत की जलवायु और पारस्थितिकी विभिन्न प्रकार की है। जिसके कारण यहाँ सभी मौसम में वर्षभर फ़सलें उगाई जाती हैं।

प्राचीन कृषि प्रणाली

भारत में कृषि की गौरवशाली परंपरा रही है। बहुत से पौराणिक ग्रन्थ एवं इतिहासकारों द्वारा किया गया शोध यह दर्शाता है कि देश में सिंधु घाटी सभ्यता के दौर में भी कृषि व्यवस्था अर्थव्यवस्था की रीढ़ हुआ करती थी। विभिन्न कालखंडों का अग्रलिखित अध्ययन इस तथ्य को पुष्ट करता है कि भारत में कृषि पुरातन काल से ही अनवरत की जा रही है। ऐतिहासिक साक्ष्यों के आधार पर इतिहासकारों का कहना है कि वैदिक काल में जुताई, बुआई, कटाई आदि क्रियाएँ होती थीं। खेती में हल, हंसिया, कुदाल आदि उपकरणों का प्रयोग किया जाता था। इन्हीं उपकरणों की सहायता से गेहूँ, धान, जौ आदि फ़सलों की खेती की जाती थी। इसके अलावा चक्रीय परती पद्धति के द्वारा मिट्टी की उर्वरता को बढ़ाने का उल्लेख भी विश्व के प्राचीनतम ग्रंथ ऋग्वेद के श्लोकों में है।

भारत एक कृषि प्रधान देश है। भारतीय सभ्यता के विकास का आधार कृषि ही रहा है। किसानों के अथक प्रयास के ही परिणामस्वरूप खेतों में अधिशेष उत्पादन हुआ। इन अधिशेष उत्पादनों का ही प्रभाव रहा कि समाज के अन्य वर्गों को जीवन-यापन के लिए अनाज मिला और परिणामस्वरूप व्यापार-वाणिज्य का विकास संभव हो पाया। शुरुआती दौर से हमारे लोगों का पेशा कृषि रहा है। भारतीय कृषि एवं भारतीय किसान के कारण ही भारतीय संस्कृति की परंपरा भी समृद्ध रही है। प्रकृति के द्वारा प्रदत्त अनुकूल भौगोलिक परिस्थितियों को भारतीय किसानों ने अपनी मेहनत और लगन से भूमि को कृषि योग्य बनाया, जिसका प्रभाव न केवल अर्थव्यवस्था पर पड़ा, बल्कि इसका प्रत्यक्ष-अप्रत्क्ष प्रभाव सामाजिक, राजनीतिक एवं धार्मिक व्यवस्था में भी देखने को मिला।

प्राचीन कृषि प्रणाली को अलग-अलग भागों में बाँटा गया है-

- **सिंधुघाटी सभ्यता-**

  सिंधु नदी घाटी सभ्यता भारत की सबसे प्राचीनतम सभ्यता मानी जाती है। सिंधुघाटी सभ्यता से कृषि कार्य करने का प्रमाण मिलता है। इस सभ्यता के लोगों के आर्थिक जीवन का प्रमुख आधार कृषि ही था। पुरातत्ववेत्ताओं ने खुदाईयों के दौरान कई ऐसे प्रयासों को खोज निकाला है, जिससे यह स्पष्ट होता है कि यहाँ के लोग कृषि का कार्य किया करते थे तथा यहाँ कई फ़सलों का उत्पादन भी किया करते थे। सिंधु का भाग मकरान, बलूचिस्तान जो आज उजाड़ है, कभी

उपजाऊ था और नवपाषाण में वहाँ कृषि की शुरुआत हुई थी। पूर्व हड़प्पा काल की निरंतरता हड़प्पा काल में भी जारी रही और कृषि कार्य से लोग जुड़े रहे। हालाँकि इसके साथ-साथ आंतरिक एवं वैदेशिक व्यापार भी इस समय के लोग किया करते थे। हड़प्पा काल में बहुत-सी तरह की फ़सलों का उत्पादन किया जाता था, जिसमें अभी तक मुख्य रूप से नौ फ़सलों की पहचान की गई है। इन नौ फ़सलों में सबसे मुख्य फ़सल गेहूँ एवं जौ थी। गेहूँ एवं जौ की दो प्रजातियों की खेती का प्रमाण मिलता है। गेहूँ और जौ के अलावा चावल का भी उत्पादन होता था। ऐसा कहा जाता है कि लोथल एवं रंगपुर से चावल के प्रमाण मिलते हैं और रंगपुर से धान की भूसी मिली है। इसके अलावा बनवाली से अच्छे किस्म के तिलहन का मिलना और लोथल से बाजरे का मिलना इस बात को प्रमाणित करते हैं कि बाज़रा एवं तिलहन जैसे फ़सलों की जानकारी इन्हें थी। मोहनजोदड़ो तथा हड़प्पा के भग्नावशेषों में खजूर की गुठलियों के मिलने से इस बात की जानकारी होती है कि यहाँ के लोग फलों का भी उपयोग करते थे।

सबसे पहले कपास उगाने का श्रेय हड़प्पावासी को ही दिया जाता है। मोहनजोदड़ो से एक चाँदी के बर्तन में कपड़े के अवशेष मिलते हैं। लोथन और रंगपुर के आस-पास का क्षेत्र कपास उपजाने के लिए बहुत ही उपयुक्त था। यूनानी लोग कपास को सिंडोन के नाम से संबोधित किया करते थे। हड़प्पावासी किसान कृषि कार्य के प्रति पूरी तरह लगनशील रहे होंगे। यही कारण है कि उन्होंने अधिशेष उत्पादन कर उन वर्गों की सहायता की, जो सीधे कृषि कार्य से जुड़े हुए नहीं थे। किसानों की ही मेहनत का प्रतिफल था कि यहाँ एक व्यापारी वर्ग का उदय संभव हो पाया और हड़प्पावासी भारत में प्रथम नगरीय सभ्यता स्थापित करने में सफल हुए। संभवत: यहाँ के निवासी चार वर्गों में बँटे हुए थे- पुजारी, वैश्य, कृषक और कुली।

कृषक अधिशेष उत्पादन के लिए केवल मानसून पर ही निर्भर नहीं रहते थे, बल्कि वे नहरों के निर्माण एवं जल को संचित करने की विधि से भी परिचित थे। सिंचाई के लिए जो नहरों एवं बाँध का निर्माण किया गया था, शायद वह अब बाढ़ के द्वारा लाई मिट्टी के नीचे दब गई। हरियाणा स्थित सैंधव शहर वनवाली से पकाई गई मिट्टी से निर्मित हल के खिलौने के मिलने से ऐसा प्रतीत होता है कि यहाँ के किसान हल का प्रयोग करते थे। इसी तरह राजस्थान में स्थित कालीबंगा से जुते हुए खेत का प्रमाण मिलता है। इससे भी हल के प्रयोग

की जानकारी मिलती है। ये हल बैलों द्वारा खींचे जाते थे, जो हड़प्पाई लोगों की भारवाही पशु संपदा का एक प्रमुख अंग थे।

इस समय के किसानों को खेतों में बीज बोते समय भौगोलिक परिस्थितियों का भी ध्यान रखना पड़ता था। चूँकि इस सभ्यता के अधिकांश क्षेत्रों को नदियों के किनारे बसाया गया था, इसलिए बाढ़ आने की जानकारी भी इन्हें रखनी पड़ती थी। यही वजह थी कि बाढ़ की समाप्ति के पश्चात् ये फ़सल बोते थे तथा बाढ़ आने के पहले ये फ़सल को काट लेते थे। ऐसा कहा जाता है कि पंजाब और सिंध की नदियों में अकसर आने वाली बाढ़ों से खेतों की सिंचाई की जाती थी। किसानों से करों की वसूली अनाज के रूप में ही की जाती थी। यहाँ मुद्रा के प्रचलन के बारे में कोई जानकारी नहीं मिलती है। प्रतिकूल परिस्थितियों के लिए एवं अनाजों के संरक्षण के लिए राजकीय स्तर पर विशाल अन्नागारों का निर्माण मोहनजोदड़ो, हड़प्पा, लौथल इत्यादि स्थानों पर किया गया था। मोहनजोदड़ो की सबसे बड़ी इमारत 45.71 मी. लंबी और 15.23 मी. चौड़ी एक अन्नागार है। यह अन्नागार हड़प्पाई संस्कृति के विख्यात निर्माणों में से है।

हड़प्पाकालीन आज की ही तरह पशुओं को भी पालते थे। हालाँकि पशुचारकों का एक अलग समूह भी रहा होगा, फिर भी पशुचारक किसानों के साथ सहजीवी संबद्ध रखते थे। ये पशुचारक वस्तुओं व सूचनाओं के प्रवाहक के रूप में विभिन्न बस्तियों के बीच संपर्क रखते थे और इस प्रकार भौतिक संस्कृति की एकरूपता में अपना योगदान देते थे। हकरा घाटी एवं उत्तरी गुजरात में कुछ संभावित पशुचारण शिविरों की खोज से पता चलता है कि पशुचारण एक महत्त्वपूर्ण क्षेत्र के रूप में मौजूद रहा होगा। पालतू पशुओं में कूबड़दार और कूबड़रहित मवेशी, सुअर और भैंसे शामिल थे। इनके अलावा हाथी और घोड़े के भी अस्तित्व का पता चलता है।

सैंधवकालीन कृषि एवं किसान का अवलोकन करने पर यह स्पष्ट होता है कि कृषक न केवल अपने और अपने परिवार के लिए, बल्कि समाज के अन्य लोगों के लिए खेतों में पूरी मेहनत से काम किया करते थे। इस का परिणाम था कि इस सभ्यता में अधिशेष उत्पादन होता था, जो उन वर्गों के लिए होता था, जो कृषि कार्य से सीधे जुड़े हुए नहीं थे। इसी अधिशेष उत्पादन का परिणाम था कि एक व्यापारी वर्ग का उदय हुआ, जिसके कारण सिंधु घाटी सभ्यता एक नगरीय सभ्यता बन पाई।

➢ वैदिक काल

वैदिक काल में अर्थव्यवस्था का प्रमुख आधार पशुपालन एवं कृषि रहा था। इसकी जानकारी हमें वैदिक ग्रंथों से मिलती है। इन वैदिक ग्रंथों में वैदिक साहित्य (वेद, ब्राह्मण ग्रंथ, आरण्यक एवं उपनिषद्) के अलावा अन्य धार्मिक एवं गैर-धार्मिक साहित्य शामिल है। वैदिक सभ्यता के निर्माता आर्य लोग थे। आर्य कहाँ से आए, इस सिद्धांत को लेकर इतिहासकारों में आज भी मतभेद जारी है। अभी तक जर्मन विद्वान मैक्समूलर के इस सिद्धांत को ज़्यादा अहमियत दी जाती है कि आर्य लोग मध्य एशिया के निवासी थे। ये लोग मध्य एशिया से ईरान, अफगानिस्तान के रास्ते होते हुए भारत आए। भारत में ये लोग सबसे पहले जहाँ बसे, वह क्षेत्र सप्त-सैंधव क्षेत्र के नाम से जाना जाता है, जो सात नदियों का क्षेत्र कहलाता था।

शुरुआत में आर्यों का मुख्य कार्य पशुपालन ही था। प्रारंभिक आर्य पशुओं को चराने के लिए चारागाह की तलाश में इधर-उधर आते-जाते रहते थे। पशु ही उनके स्वत्व और संपत्ति के प्रमुख साधन थे। वे खेती भी करते थे। ऋग्वैदिक आर्य हल के ज़रिए खेती करते थे, जिसमें बैल जुते रहते थे। उन्हें मौसम की भी जानकारी थी, जिससे उन्हें कृषि-कार्य में मदद मिलती थी। ऋग्वेद में पाँच ऋतुओं का भी उल्लेख मिलता है। इस बात के भी प्रमाण मिलते हैं कि आर्य जंगलों को जलाने और खेती की ज़मीन तैयार करने के लिए आग का इस्तेमाल किया करते थे।

पूर्व वैदिक काल के परवर्ती भाग में जुताई, बुआई, कटाई और ओसाई जैसे कृषि से जुड़ी क्रियाओं का भी उल्लेख मिलता है। संभवतः प्रारंभिक वैदिक काल के अंतिम दिनों में कृषि-अर्थव्यवस्था और ठोस हो गई थी। आर्य लोग सिंचाई के विषय में भी कुछ जानकारी रखते थे। इस समय कबीले के सदस्यों का पशुओं पर तो समान अधिकार था, लेकिन संभवतः ज़मीन पर नहीं। ऋग्वेद में ज़मीन और ज़मीन की माप-प्रणाली के बारे में बहुत कुछ कहा गया है, लेकिन उसमें कहीं भी किसी व्यक्ति द्वारा ज़मीन की बिक्री, हस्तांतरण, गिरवी अथवा दान का वर्णन नहीं किया गया है। इससे स्पष्ट होता है कि ज़मीन पर व्यक्तिगत स्वामित्व का अधिक प्रचलन नहीं था।

इससे यह स्पष्ट होता है कि पूर्व वैदिक काल में कृषि का कार्य तो होता था,

लेकिन पशुपालन ही उनका पेशा बना रहा था। ऋग्वेद के 10462 श्लोकों में से मात्र 24 श्लोकों में ही कृषि का उल्लेख मिलता है। ऋग्वेद में कृषि के महत्त्व पर केवल तीन शब्द प्राप्त होते हैं- उर्दर, धान्य और वापन्ति। ऋग्वेद में कृष शब्द का कोई स्पष्ट उल्लेख नहीं मिलता। कृष शब्द के स्थान पर कृष्ट शब्द का प्रयोग 32 बार मिलता है। कृषि के क्षेत्र में क्रांतिकारी परिवर्तन उत्तर-वैदिक काल में दिखाई पड़ता है।

उत्तर-वैदिक काल में आर्यजनों का प्रमुख पेशा कृषि एवं पशुपालन हो गया। इस समय आर्यों का आगमन सप्त-सैंधव क्षेत्रों से गंगा-यमुना, दोआब घाटी की ओर हुआ। प्रारंभ में अग्नि की सहायता से ज़मीन को साफ़ किया गया, जिसकी जानकारी शतपथ ब्राह्मण ग्रंथ में भी मिलती है। उत्तर-वैदिक काल में अधिक-से-अधिक अन्न उपजाना कृषक का कर्तव्य माना जाता था। इस काल में कृषि-कार्य के तहत अनेक प्रकार के अन्न का उत्पादन कृषकों द्वारा किया जाता था, जिनमें चावल, जौ, मूँग, उड़द, गेहूँ, तिल, मसूर इत्यादि प्रमुख फ़सलें थीं। इस अवधि के वैदिक ग्रंथों में चावल सबसे ज़्यादा उल्लिखित है। अथर्ववेद में ईख का भी उल्लेख मिलता है।

उत्तर-वैदिक काल में कृषक ऋतुओं के अनुसार फ़सलों की बुआई करना शुरू कर दिया था। आज की ही तरह प्रमुख रूप से उस समय लगभग दो फ़सलें तैयार की जाती थीं। इस काल में भूमि व्यक्तियों या परिवारों द्वारा अधिकृत हो चली थी, लेकिन घास का मैदान अभी भी जनसाधारण के अधिकार में था। इस समय उदित ज़मींदार वर्ग द्वारा छोटे-छोटे किसानों को उनकी भूमि से हटाया जा रहा था, फिर भी भूमि हस्तांतरण को सार्वजनिक अनुमति नहीं थी। उत्तर-वैदिक काल में चूँकि कृषि योग्य भूमि के विस्तार तथा लोहे के प्रयोग के परिणामस्वरूप उत्पादन में तेज़ी से वृद्धि हुई थी, लेकिन इसके साथ-साथ अतिरेक उत्पादन के बँटवारे को लेकर भी नियम बनने लगे। किसान अपने कठिन परिश्रम के द्वारा उत्पादित फ़सलों का एक बड़ा हिस्सा समाज के दो उच्च वर्णों को दे देता था।

इस प्रकार यह कहा जा सकता है कि भारत के गाँवों में जिस तरह से आज-कल किसान खेती करते हैं, जिस तरह वे लकड़ी और धातु के बने हलों को बैलों से चलाते थे, जिस तरह वे खेती को सींचते, बुआई करते और फ़सलों की कटाई करते थे, प्रायः उसी प्रकार से वैदिक काल में आर्य भी खेती किया करते थे।

➢ मौर्य काल

मौर्य काल में भी राज्य की अर्थव्यवस्था का प्रमुख आधार कृषि, पशुपालन एवं वाणिज्य-व्यापार रहा था, जिसे सम्मिलित रूप से वृत्ति का साधन कहा जाता था। कौटिल्य के अर्थशास्त्र में कृषि, पशुपालन और वाणिज्य को वैश्यों और शूद्रों की साधारण जीविका बताया गया है। ऐसा कहा जाता है कि उस समय किसानों की अवस्था बहुत संतोषजनक थी। किसान नम्र और सज्जन थे तथा अपना सारा समय कृषि के कामों में ही लगाते थे। ये किसान जंगलों को काटकर कृषि योग्य भूमि के विस्तार में लगे रहते थे। राज्य की ओर से किसानों को संरक्षण प्राप्त था। किसानों का इस समय एक अलग वर्ग हुआ करता था और कृषक वर्ग के परिश्रम का ही परिणाम था, कि खेती के विकास के जुड़े हुए आर्थिक क्षेत्र के बिचौलियों के बीच से वणिक नामक वर्ग का भी कृषि क्षेत्र में जन्म हुआ, जो फालतू सामान ख़रीदकर ज़रूरतमंदों को देकर लाभ कमाता था। इस प्रकार मौर्यकालीन किसान कृषि को समृद्धि का केंद्र मानकर आर्थिक पुनर्निर्माण के कार्य में लगा रहता था।

मौर्य काल में अलग-अलग प्रकार से भूमि का वर्गीकरण किया गया था। भूमि करों का निर्धारण भी इसी वर्गीकरण के आधार पर किया जाता था। इस समय भूमि का विभाजन उत्तम, मध्यम तथा निम्न तीन श्रेणियों में किया जाता था। मौर्य काल में कुछ भूमि सीधे राज्य के भी अधीन हुआ करती थी, जिसे सीताभूमि कहा जाता था और जिसके अध्यक्ष सीताध्यक्ष कहलाते थे।

मौर्य काल में खेत के लिए हल और बैलों का प्रयोग होता था। भूमि को ख़ूब अच्छी तरह हल चलाकर तैयार किया जाता था, फिर उसमें विभिन्न तरह की खादों को डालकर भूमि की उपज शक्ति को बढ़ाया जाता था। बाद के लिए गोबर, हड्डी और राख का प्रयोग होता था। इस युग में गेहूँ, चावल, मूँग, कपास, तिल तथा मोटा अनाज का प्रमुख रूप से उत्पादन किया जाता था। किसानों को फ़सलों के बर्बाद होने का भय हमेशा बना रहता था। ग्रामीण क्षेत्रों में बाढ़, बेमौसम वर्षा, अग्निकांड, टिड्डियों के आगमन का डर तो किसानों को था ही, इसके साथ-साथ जंगली पशु-पक्षियों से भी किसान भयभीत रहा करते थे। चरवाहे और शिकारी जंगली पशु-पक्षियों से फ़सलों का बचाव करते थे और शिविरों में या पहाड़ियों पर रहते थे।

मौर्यकालीन किसान मानसून पर ही ज़्यादा निर्भर थे, लेकिन फिर भी स्वयं और राज्य के द्वारा भूमि को सिंचित करने का प्रयास किया गया था। कौटिल्य के अनुसार प्रमुख रूप से इस समय हाथों से, कंधों पर पानी ले जाकर, यंत्रों के द्वारा या नहरों, तालाबों के द्वारा सिंचाई की जाती थी। प्राकृतिक संसाधनों के साथ-साथ इस समय के शासकों ने भी सिंचाई के साधनों को विकसित करने का प्रयास किया था। मौर्य काल में भूमि कर सामान्यतः उपज का छठा हिस्सा हुआ करता था। भूमि कर को इस समय 'बलि' कहा जाता था। कृषक के लिए औजारों का निर्माण करने वाले शिल्पकारों को करों से मुक्त रखा गया था और उन्हें राजकोष से भी सहायता दी जाती थी। किसानों की देख-रेख तथा सहायता के लिए राज्य की ओर से समाहर्ता, स्थानिक, गोप आदि अधिकारियों की नियुक्ति की गई थी। सभी अधिकारियों को एक-दूसरे के प्रति ज़िम्मेदार बनाया गया था।

इस प्रकार कहा जा सकता है कि मौर्य काल में किसानों को राज्य की ओर से भरपूर सहायता दी जाती थी। किसान भी पूरी मेहनत के साथ कृषि-कार्य किया करते थे, जिससे राज्य को सुगमतापूर्वक करों की प्राप्ति होती रहती थी, जिसका प्रभाव अन्य क्षेत्रों में स्पष्ट रूप से देखने को मिलता है।

➢ मुग़ल साम्राज्य

मुग़ल काल में भी भारतीय अर्थव्यवस्था कृषि प्रधान थी। मुग़ल साम्राज्य की लगभग 85 प्रतिशत जनसंख्या गाँवों में निवास करती थी, जिसमें कृषि पर आधारित वर्ग की बहुतायत थी। लघु उद्योग एवं व्यापार आदि की अच्छी वृद्धि के बाद भी तत्कालीन आर्थिक गतिविधियों में कृषि कार्य सर्वोपरि था। सिंचाई तकनीक मुग़ल काल में कृषि उत्पादन मानसून के साथ जुए सा व्यवसाय था, क्योंकि जल का मुख्य स्रोत वर्षा ही थी। अधिक या कम वर्षा होने पर कृषक कठिनाई में पड़ जाता था। कृषक को अवर्षण की स्थिति में मानसून पर निर्भरता से मुक्त होने के लिए सिंचाई के कृत्रिम साधनों पर आश्रित होना पड़ता था। बाबर के अनुसार, चौदहवीं एवं पंद्रहवीं शताब्दी में भारत की भूमि बहुत उपजाऊ थी तथा वर्षा भी अच्छी होती थी। कृषकों को सिंचाई के कृत्रिम साधनों की जानकारी भी थी, फलतः उत्पादन भी अच्छा होता था।

सिंचाई के कृत्रिम साधनों के अन्तर्गत कुएँ, तालाब तथा नहरें आदि सिंचाई के कृत्रिम साधन के मुख्य स्रोत थे। कुएँ सिंचाई के मुख्य स्रोत थे। मुग़ल काल में अधिकतर कुएँ कच्चे होते थे। मुग़ल काल में गंगा के ऊपरी मैदानी क्षेत्रों तथा

दक्षिणी भाग में कुएँ सिंचाई के मुख्य स्रोत थे, जिससे इन क्षेत्रों में कृषि उत्पादन अच्छी स्थिति में था। कुएँ से पानी निकालकर उसे नालियों के माध्यम से खेतों तक पहुँचाने की कई विधियाँ थीं।

कुएँ से पानी निकालने की दूसरी सामान्य विधि चरस थी। बाबर के अनुसार आगरा, चंदवार, बयाना आदि क्षेत्रों में चरस द्वारा सिंचाई होती थी। इस विधि में कुएँ की घिरनी पर रस्सी चढ़ाकर उसके एक सिरे में चमड़े का बड़ा बैग बाँधा जाता था। जबकि दूसरा सिरा एक बैल से बँधा होता था। बैल को कुएँ के समीप खड़ा कर पानी का बैग कुएँ में ढीला छोड़ा जाता था। बैग में पर्याप्त पानी भर जाने के बाद एक व्यक्ति बैल को हाँकता हुआ कुएँ से दूर ले जाता था और इस प्रकार खींचकर कुएँ से बाहर आए पानी से भरे बैग को कुएँ पर खड़ा एक दूसरा व्यक्ति एक कठौते में ख़ाली करता जाता था। कठौते से जुड़ी नालियों द्वारा पानी खेतों तक पहुँच जाता था।

सिंचाई के उद्देश्य से सोलहवीं शताब्दी के आरंभिक वर्षों में बाबर ने भारत में नहरों की कृत्रिम व्यवस्था का अभाव बताया है, किंतु बाद में कृषि भूमि सिंचित करने हेतु कुछ नहरों के निर्माण के विवरण मिलते हैं। भारत के उत्तरी मैदान, विशेष रूप से ऊपरी गंगा एवं सिंधु क्षेत्र में सिंचाई हेतु अनेक नहरें निर्मित की गईं। नहरें दो प्रकार की होती थीं, प्राकृतिक एवं मानव निर्मित। नदियों द्वारा अपना मार्ग बदल लेने के कारण प्राकृतिक रूप से नहरों का उद्‌भव हो जाता था। ऐसी नहरें मुख्य नदी से शाखाओं में बँटकर प्रणालिकाओं के रूप में बहती थी, जिनका प्रयोग सिंचाई हेतु किया जाता था।

मुग़ल काल में इस प्रकार से निर्मित कुछ प्राकृतिक नहरें बहुत विशाल थीं। दक्षिण भारत में इस काल में कुछ छोटी नहरों के प्रमाण मिलते हैं, किंतु उत्तरी भारत में वास्तविक रूप से कई बड़ी नहरों का निर्माण सिंचाई सुविधाओं के विस्तार और उन्हें प्रभावी बनाने की दृष्टि से किया गया। सत्रहवीं शताब्दी में शाहजहाँ द्वारा बड़ी संख्या में नहरों के निर्माण का विवरण मिलता है। पूर्वी यमुना की पुरानी नहर शाहजहाँ के ही काल में खोदी गई। फ़िरोज़शाह के काल में कृषि भूमि को सिंचित करने की दृष्टि से यमुना नदी के दूसरे किनारे पर निर्मित करायी गई नहर की मरम्मत अकबर के काल में की गई। बाद में यह नहर पुनः नष्ट हो गई, जिसे शाहजहाँ ने अपने शासनकाल में नए रूप में बनवाया। फ़सलों की बुवाई की अवधि में इस नहर के पानी को बाँटने की व्यवस्था की गई थी।

मुग़ल काल में कुओं तथा नहरों के अलावा तालाब तथा झीलें भी सिंचाई के कृत्रिम साधन के रूप में प्रयोग किए जाते थे। प्राय: गाँवों में एकाधिक तालाब होते थे। मध्य भारत, दकन और दक्षिण भारत में तालाब सिंचाई कार्य में महत्त्वपूर्ण भूमिका निभाते थे। मुग़ल काल में सिंचाई सुविधाओं के विस्तार के फलस्वरूप विकसित सिंचाई यंत्रों जिनका विवरण ऊपर किया गया है, के अतिरिक्त हल, फावड़े, कुदाल, खुरपे, जुआठ, पाटा, ड्रील तथा हंसुआ आदि कृषि यंत्रों का प्रयोग सामान्य रूप से होता था। खेतों में खाद डालने की प्रक्रिया भी कम महत्त्वपूर्ण नहीं थी। फ़सलों की प्रकृति के अनुसार ही खाद का प्रकार एवं उसकी मात्रा निर्धारित की जाती थी। आमतौर पर खेतों में खाद डालने की दो विधियाँ प्रचलित थीं।

इस अवधि में कुछ नई फ़सलें पैदा किया जाना व पुरानी फ़सलों की किस्में बढ़ना भी कृषि की गुणवत्तापूर्ण प्रगति का महत्त्वपूर्ण सूचक थी। निष्कर्षत: यह कहा जा सकता है कि यह काल कृषिगत तकनीक के साथ-साथ आर्थिक पहलुओं में भी प्रभावशाली प्रगति के रूप में रहा।

उपरोक्त प्राचीन कृषि प्रणाली के अध्ययन से यह स्पष्ट होता है कि लगभग सभी ने अपनी कृषि व्यवस्था को अपने समय की अर्थव्यवस्था से जोड़कर रखा। कृषि के साथ-साथ पशुपालन पर भी ज़ोर दिया गया। कृषि को और बेहतर बनाने के लिए हर संभव तकनीक का इस्तेमाल किया, जिससे कृषि कार्य में ज़्यादा मुश्किल पैदा न हो। प्राचीन काल के किसानों के अथक प्रयासों से ही देश की मिट्टी को उपजाऊ बनाया गया और उसमें विभिन्न प्रकार की फ़सलों को उगाकर कृषि की समस्या को दूर किया गया। इन किसानों की वजह से ही आने वाली पीढ़ी को भरपूर मात्रा में अनाज मिल सका और कृषि से संबंधित व्यापार शुरू हो पाया।

□

स्वतंत्रता पूर्व कृषि व्यवस्था

स्वतंत्रता से पहले भारत में कृषि पर सबसे ज़्यादा दुष्प्रभाव पड़ा। इस काल के दौरान भारतीय अर्थव्यवस्था शोषित होकर अंग्रेज़ी स्वार्थवाद का शिकार बनकर रह गई थी और इसका परिणाम सभी क्षेत्रों में देखने को मिला। अंग्रेज़ी शासनकाल के दौरान ज़मींदारी प्रथा की शुरुआत हुई, जिसने किसानों को ऋण के बोझ तले दबा दिया। इसके साथ ही देश में कृषि से हुए उत्पादन का अर्थ यूरोप भेजे जाने वाले कच्चे माल से लिया जाने लगा और जबरन उसी प्रकार की फ़सलों की उपज करवाई गई, जिससे यूरोप की औद्योगिक क्रांति को लाभ हो सके। यह भारतीय कृषि क्षेत्र के शोषण का समयकाल था, जिसके परिणामस्वरूप कृषि की हालत बदतर हो गई थी।

आज़ादी से पहले कृषि क्षेत्र में भारत भ्रष्ट और अत्यधिक अस्थिरता के लिए बहुत प्रवण था। दूसरे शब्दों में, विभिन्न फ़सलों के लिए स्थिर उत्पादन दर नहीं थी। इसका मुख्य कारण बारहमासी सिंचाई के लिए अनुचित बुनियादी ढाँचा था। किसान मुख्य रूप से उचित और कुशल नहर नेटवर्क की कमी के कारण अपने खेतों की सिंचाई के लिए बारिश पर निर्भर होते हैं। ऐसे समय में जब वर्षा अच्छी और प्रचुर मात्रा में थी, उत्पादन अनुकूल था और इसके विपरीत, अगर बारिश कम थी, तो उत्पादन में भारी गिरावट आई थी। कुओं या नहरों के रूपों में सिंचाई के लिए स्थायी तरीक़े सुनिश्चित करने के लिए ब्रिटिश शासकों द्वारा कोई प्रयास नहीं किए गए थे।

ब्रिटिश शासन के दौरान भारतीय कृषि का मुख्य लक्षण टिलर और ज़मींदारों के बीच अंतहीन झगड़ा था। टिलर वे लोग थे जो वास्तव में खेतों में काम करते थे, जबकि ज़मींदार लोग उन क्षेत्रों के मालिक थे। ज़मींदार कभी भी श्रमिकों की खुशी और आराम के बारे में चिंतित नहीं थे, क्योंकि वे अपने मुनाफ़े को अधिकतम करने के लिए ज़्यादा चिंतित थे। लगभग सभी ज़मींदारों ने अपनी स्वामित्व वाली भूमि को टिलर को किराए पर दिया था। टिलर ने उन भूमि पर काम किया और फ़सलों की वृद्धि की। ज़मींदारों ने सभी उत्पादन भूमि से लिया और केवल टिलर को जीवित रहने

के लिए कुल उत्पादन का पर्याप्त हिस्सा दिया। गुटों के बीच संपत्ति के इस तरह के एक बहुत असंतुलन के कारण, स्पष्ट परिणाम देश की आर्थिक स्थितियों में स्थिरता और गिरावट था।

जब ब्रिटिश ने हमारे देश पर शासन किया, तो भूमि राजस्व की एक अनूठी प्रणाली का आविष्कार किया। यह टिलर, ज़मींदार और ब्रिटिश सरकार के बीच त्रिकोणीय संबंध था। इस प्रणाली को ज़मींदारी प्रणाली के रूप में जाना जाता था। इन ज़मींदारों को ब्रिटिश सरकार को एक निश्चित राशि या कर का भुगतान करना पड़ता था। यह राजस्व भूमि राजस्व के रूप में जाना जाता था। इन मालिकों को टिलर से ज़्यादा काम और उत्पादन लेने के लिए पूरी तरह से स्वतंत्र थे। टिलर पूरी तरह से दब गए थे और यहाँ तक कि बुनियादी ज़रूरतों से बचने के लिए भी पर्याप्त नहीं दिए गए थे। इस प्रणाली का मुख्य परिणाम यह था कि ज़मींदारों ने अकसर अपने मुनाफ़े में वृद्धि करने के लिए टिलर को निकाल दिया, क्योंकि वे तब तक उत्पादन में फ़सल का एक बड़ा हिस्सा होगा। अपनी आजीविका को खोने के इस डर के कारण, कृषि में कोई रुचि नहीं छोड़ी गई। यह केवल मज़दूर का काम हो गया था, जो कि टिलर को मजबूर होने के लिए मजबूर किया गया था। वे जीवित रहना चाहते थे, क्योंकि उस समय आय के लिए कोई अन्य विकल्प नहीं था।

ज़मींदारों और ब्रिटिश सरकार द्वारा टिलर को गेहूँ, चावल और जौ जैसे पारंपरिक फ़सलों के उत्पादन को छोड़ने और नीलों के उत्पादन को शुरू करने के लिए मजबूर किया जा रहा था। इसका कारण यह था कि ब्रिटेन में इसके लिए बहुत अधिक माँग थी, क्योंकि इसका उपयोग वस्त्रों के रंगाई और विरंजन के लिए किया गया था। कभी-कभी, इन टिलर को नील नदी के उत्पादन के लिए पहले से भुगतान करने को मजबूर किया गया था। फ़सलों और कृषि क्षेत्र के इस व्यावसायीकरण ने पहले से ही टिलर को बनाए रखने पर भारी बोझ और तनाव लगाया। यह इस तथ्य की वजह से था कि, टिलरों को नील का उत्पादन करने के लिए मजबूर होने से पहले, उन्होंने गेहूँ और चावल जैसे फ़सलों का उत्पादन किया, जो कि उनके परिवारों द्वारा सीधे उपभोग किया जा सकता था। उन्हें अपनी भूमि पर इंडिगो का उत्पादन करना पड़ा और बाज़ार से भोजन ख़रीदना पड़ा। ऐसा करने के लिए उन्हें नकद और पहले से ही कर्ज़दार किसानों की ज़रूरत होती थी। वास्तव में उनमें से बहुत कुछ नहीं था। इसलिए, जब तक कि लोग कृषि के लिए बने रहते हैं, वे हमेशा ज़मींदारों और धन उधारदाताओं के कर्ज़ के तहत होते थे। ये ऋण यहाँ तक की पीढ़ियों को भी नीचे ले गए थे और इसलिए

ऋणी कभी समाप्त नहीं हुई थी। उस समय कृषि का उपयोग और राजस्व तथा लाभ पैदा करने के साधन के रूप में इस्तेमाल किया गया था। ज़मींदारों द्वारा अर्जित किए गए मुनाफ़े का कभी कृषि में निवेश नहीं किया गया था। ये केवल उनकी शानदार जीवन शैली को बनाए रखने के लिए इस्तेमाल किया गया था। इसलिए कृषि राज्य उस समय बहुत ग़रीब और पिछड़े थे। सन् 1947 में विभाजन से स्थिति भी बदतर हुई थी, जब देश के जूट उद्योग का केंद्र पूर्वी बंगाल, नवगठित पाकिस्तान क्षेत्र में गया था।

ज़मींदारी

स्वतंत्रता से पूर्व भारत में कृषि संबंधों की हमारी दास्तान तब तक पूरी नहीं होगी, जब तक गाँवों में रहने वाले एक ऐसे तबके की बात न कर लें जिनकी कमाई का ज़रिया तो खेती थी, लेकिन जो कृषि उत्पादन में सीधे हिस्सेदारी नहीं करते थे। ये ज़मींदार थे जो अपनी ज़मीन के मालिक होते थे और जिन्हें ग्रामीण समाज में ऊँची हैसियत की वजह से कुछ ख़ास सामाजिक और आर्थिक सुविधाएँ मिली हुई थीं। ज़रियों की बढ़ी हुई हैसियत के पीछे एक कारण जाति था और दूसरा कारण यह था कि वे लोग राज्य को कुछ ख़ास किस्म की सेवाएँ देते थे। ज़मींदारों की समृद्धि की वजह थी, उनकी विस्तृत व्यक्तिगत ज़मीन। ज़मीन पर ज़मींदार के निजी इस्तेमाल के लिए खेती होती थी। अकसर इन ज़मीनों पर दिहाड़ी के मज़दूर या पराधीन मज़दूर काम करते थे। ज़मींदार अपनी मर्ज़ी के मुताबिक़ इन ज़मीनों को बेच सकते थे, किसी और के नाम कर सकते थे या उन्हें गिरवी रख सकते थे।

ज़मींदारों की ताक़त इस बात से भी आती थी कि वे अकसर राज्य की ओर से कर वसूल कर सकते थे। इसके बदले उन्हें वित्तीय मुआवज़ा मिलता था। सैनिक संसाधन उनकी ताक़त का एक और ज़रिया था। अधिकतर ज़मींदारों के पास अपने किले थे और अपनी सैनिक टुकड़ियाँ भी जिसमें घुड़सवारों, तोपखाने और पैदल सिपाहियों के जत्थे होते थे। अगर हम मुग़लकालीन गाँवों में सामाजिक संबंधों की कल्पना एक पिरामिड के रूप में करें, तो ज़मींदार इसके संकरे शीर्ष का हिस्सा थे। अबुल फ़ज़ल इस ओर इशारा करता है कि, 'ऊँची जाति' के ब्राह्मण–राजपूत गठबंधन ने ग्रामीण समाज पर पहले ही अपना ठोस नियंत्रण बना रखा था। इसमें तथाकथित मध्यम जातियों की भी ख़ासी नुमाइंदगी थी और इसी तरह कई मुसलमान ज़मींदारों की भी। ऐसा प्रतीत होता है कि जंग में जीत ज़मींदारों की उत्पत्ति का संभावित स्रोत रहा होगा। अकसर ज़मींदारी फैलाने का एक तरीक़ा था, ताक़तवर सैनिक सरदारों द्वारा

कमज़ोर लोगों को बेदख़ल करना। मगर इसकी संभावना कम ही है कि किसी ज़रिया को इतने आक्रामक रुख़ की इजाज़त राज्य देता हो, जब तक कि एक राज्यादेश के ज़रिए इसकी पुष्टि पहले ही न कर दी गई हो। इससे भी महत्त्वपूर्ण थी ज़मींदारी को पुख़्ता करने की धीमी प्रक्रिया। स्रोतों में इसके दस्तावेज भी शामिल हैं। ये कई तरीक़े से किया जा सकता था– नई ज़मीनों को बसाकर, अधिकारों के हस्तांतरण के ज़रिए, राज्य के आदेश से या फिर ख़रीद कर। यही वे प्रक्रियाएँ थीं जिनके ज़रिए अपेक्षाकृत निचली जातियों के लोग भी ज़मींदारों के दर्जे में दाख़िल हो सकते थे, क्योंकि इस काल में ज़मींदारी धड़ल्ले से ख़रीदी और बेची जाती थी।

कई कारणों ने मिलकर परिवार या वंश पर आधारित ज़मींदारियों को पुख़्ता होने का मौक़ा दिया। मसलन, राजपूतों और जाटों ने ऐसी रणनीति अपनाकर उत्तर भारत में ज़मीन की बड़ी-बड़ी पट्टियों पर अपना नियंत्रण पुख़्ता किया। इसी तरह मध्य और दक्षिण-पश्चिम बंगाल में किसान-पुशचारियों ने ताक़तवर ज़मींदारियाँ खड़ी कीं। ज़मींदारों ने खेती लायक ज़मीनों को बसाने में अगुआई की और खेतिहरों को खेती के सामान व उधार पैसे देकर उन्हें वहाँ बसने में भी मदद की। ज़मींदारी की ख़रीद से गाँवों के मौद्रीकरण की प्रक्रिया में तेज़ी आई। इसके अलावा ज़मींदार अपनी ज़मीनों की फ़सल भी बेचते थे। ऐसा कहा जाता है कि ज़मींदार अकसर बाज़ार स्थापित करते थे, जहाँ किसान भी अपनी फ़सलें बेचने आते थे।

हालाँकि इसमें कोई शक नहीं है कि ज़मींदार शोषण करने वाला तबका था, लेकिन किसानों से उनके रिश्तों में पारस्परिकता, पैतृकवाद और संरक्षण का पुट था। दो पहलू इस बात की पुष्टि करते हैं। एक तो ये कि भक्ति संतों ने जहाँ बड़ी बेबाकी से जातिगत और दूसरी किस्मों के अत्याचारों की निंदा की, वहीं उन्होंने ज़मींदारों को या फिर साहूकारों को किसानों के शोषक या उन पर अत्याचार करने वाले के रूप में नहीं दिखाया। आमतौर पर राज्य का राजस्व अधिकारी ही उनके गुस्से का निशाना बना। दूसरे, सत्रहवीं सदी में भारी संख्या में कृषि विद्रोह हुए और उनमें राज्य के ख़िलाफ़ ज़मींदारों को अक्सर किसानों का समर्थन मिला।

ज़मीन से मिलने वाला राजस्व मुग़ल साम्राज्य की आर्थिक बुनियाद थी। इस कारण से कृषि उत्पादन पर नियंत्रण रखने के लिए और तेज़ी से फैलते साम्राज्य के तमाम इलाकों में राजस्व आकलन व वसूली के लिए यह ज़रूरी था कि राज्य एक प्रशासनिक तंत्र खड़ा करे। दीवान, जिसके दफ़्तर पर पूरे राज्य की वित्तीय व्यवस्था की देख-रेख की ज़िम्मेदारी थी, इस तंत्र में शामिल था। इस तरह हिसाब रखने वाले

और राजस्व अधिकारी खेती की दुनिया में दाख़िल हुए तथा कृषि संबंधों को शक्ल देने में एक निर्णायक ताक़त के रूप में उभरे। लोगों पर कर का बोझ निर्धारित करने से पहले मुग़ल राज्य ने ज़मीन और उस पर होने वाले उत्पादन के बारे में ख़ास किस्म की सूचनाएँ इकट्ठा करने की कोशिश की। भू-राजस्व की व्यवस्था के दो चरण थे, पहला, कर निर्धारण और दूसरा, वास्तविक वसूली। राजस्व वसूली करने वाले के कामों की सूची में अकबर ने यह हुक्म दिया कि जहाँ उसे कोशिश करनी चाहिए कि खेतिहर नकद भुगतान करें, वहीं फ़सलों में भुगतान का विकल्प भी खुला रहे। राजस्व निर्धारित करते समय राज्य अपना हिस्सा ज़्यादा से ज़्यादा रखने की कोशिश करता था। मगर स्थानीय हालात की वजह से कभी-कभी इतनी वसूली कर पाना संभव नहीं हो पाता था।

हर प्रांत में जुती हुई ज़मीन और जीतने लायक ज़मीन दोनों की नपाई की गई। अकबर के शासनकाल में अबुल फ़ज़ल ने ज़मीनों के सभी आँकड़ों को संकलित किया। उसके बाद के बादशाहों के शासनकाल में भी ज़मीन की नपाई के प्रयास जारी रहे। 1665 ई. में औरंगज़ेब ने अपने राजस्व कर्मचारियों को स्पष्ट निर्देश दिया कि हर गाँव में खेतिहारों की संख्या का सालाना हिसाब रखा जाए। इसके बावजूद सभी इलाकों की नपाई सफलतापूर्वक नहीं हुई।

ब्रिटिश शासन

ब्रिटिश शासन के दौरान अंग्रेज़ों के अधीन भारतीय किसानों की हालत लगातार बिगड़ती गई। बिहार, बंगाल और उड़ीसा के दीवानों को प्राप्त करने के बाद, अंग्रेज़ों ने अलग-अलग भूमि राजस्व नीतियाँ पेश कीं। उनका अंतिम उद्देश्य भारतीय ज़मींदारों और किसानों से अधिकतम राजस्व का विनियोजन था। सरकार द्वारा अतिरंजित किराए की अचूकता ने किसानों पर भारी अत्याचार किया। राजस्व की उच्च माँग को पूरा करने के लिए किसान सदा स्थानीय ऋणदाताओं के ऋणी रहे। उनमें से कई ने उधार की रक़म वापस करने में असमर्थता के लिए इन लालची साहूकारों से अपनी ज़मीनें खो दीं। अंग्रेज़ों द्वारा कृषि के व्यावसायीकरण की नीति ने अफीम, चाय, कॉफी, चीनी, जूट और इंडिगो जैसी नक़दी फ़सलों के बाज़ार उन्मुख उत्पादन को प्रोत्साहित किया। भारतीय किसानों को इन नक़दी फ़सलों को उगाने के लिए मजबूर किया गया, जिससे भूमि की उर्वरता ख़राब हो गई और इस पर कोई अन्य फ़सल नहीं उगाई जा सकी। निर्वाह फ़सलों की न्यूनतम वृद्धि से भारतीय कृषि और कृषकों की दुर्दशा और ख़राब हुई। ब्रिटिश सरकार, ज़मींदार और साहूकार के बोझ तले किसान दबा हुआ था।

ब्रिटिश सरकार की कृषि नीतियों से उनका निर्वाह आधार पूरी तरह से बर्बाद हो गया था। कृषि के विकास में ध्यान की कमी और ब्रिटिश सरकार की ओर से नए उपकरणों तथा तरीक़ों के उपयोग ने भी भारतीय कृषि को बर्बाद कर दिया। अंग्रेज़ों ने भारत में तीन प्रकार के भूमि कार्यकालों को अपनाया, ज़मींदारी कार्यकाल, महलवारी कार्यकाल और रैयतवारी कार्यकाल। ज़मींदारी प्रणाली ब्रिटिश शासन की एक रचना थी और कई गैर-आर्थिक विचारों ने इसकी स्वीकृति में प्रवेश किया। प्रणाली को अलग-अलग नामों से जाना जाता था, जैसे कि जागीरदारी, मालगुज़ारी, बिस्वेदरी आदि। स्थायी व्यवस्था प्रणाली के तहत राज्य की भू-राजस्व माँग को एक बार के लिए निपटाया गया था, जबकि अन्य ज़मींदारी ट्रैकों में भू-राजस्व एक निश्चित संख्या में वर्षों के बाद संशोधित किया गया था। इसे सन् 1793 में लॉर्ड कॉर्नवालिस ने राजस्व बोर्ड के अध्यक्ष सर जॉन शोर की सिफ़ारिश पर पेश किया था। ज़मींदारी प्रणाली के तहत, ज़मींदारी को उस मालिक के रूप में मान्यता दी गई थी, जो भूमि को गिरवी रख सकता था और बेच सकता था। राज्य ने ज़मींदारी के भुगतान के लिए ज़मींदारी को ज़िम्मेदार ठहराया।

बंगाल के स्थायी बंदोबस्त में एक समस्या यह थी कि जब राज्य की भूमि राजस्व माँग तय की गई थी, तो कृषक से मकान मालिक द्वारा वसूला जाने वाला किराया असुरक्षित और अनिर्दिष्ट था। इसके परिणामस्वरूप किरायेदारों और उनके पारंपरिक होल्डिंग्स से किरायेदारों को लगातार बेदख़ल किया गया। सन् 1859 और 1885 के बंगाल रेंट एक्ट ने काश्तकारों को कुछ राहत दी। बंगाल, बिहार, उड़ीसा, उत्तर प्रदेश के बनारस डिवीजन, उत्तरी कर्नाटक में स्थायी ज़मींदारी बस्तियाँ बनाई गईं और ब्रिटिश भारत के कुल क्षेत्रफल का लगभग उन्नीस प्रतिशत कवर किया गया।

रैयतवारी प्रणाली के तहत भूमि के प्रत्येक पंजीकृत धारक को भूमि के मालिक के रूप में मान्यता दी गई थी और राज्य को भूमि राजस्व के सीधे भुगतान के लिए ज़िम्मेदार ठहराया गया था। उसे अपनी भूमि जोतने, हस्तांतरित करने, गिरवी रखने या बेचने का अधिकार था। जब तक उन्होंने भू-राजस्व की राज्य की माँग का भुगतान नहीं किया, तब तक उन्हें सरकार द्वारा अपने पद से बेदख़ल नहीं किया गया था। मद्रास प्रेसीडेंसी में सन् 1792 में कंपनी द्वारा इसके अधिग्रहण के बाद बारामहल ज़िले में पहली भूमि राजस्व बस्तियाँ बनाई गईं। कैप्टन रीड थॉमस मुनरो की सहायता से खेतों की अनुमानित उपज के पचास प्रतिशत के आधार पर राज्य की माँग तय की। राज्य की माँग पैसे में तय की गई थी और इसका बाज़ार में वास्तविक उत्पादन या मौजूदा

क़ीमतों से कोई संबंध नहीं था। सन् 1855 में सकल उत्पादन के तीस प्रतिशत के आधार पर एक व्यापक सर्वेक्षण और निपटान योजना तय की गई थी। वास्तविक कार्य सन् 1861 में शुरू हुआ। इस प्रकार बंबई (अब मुंबई) और मद्रास (अब चेन्नई) प्रेसीडेंसी के प्रमुख हिस्सों में रैयतवारी बस्तियाँ बनाई गईं। असम और ब्रिटिश भारत के कुछ अन्य हिस्सों में लगभग 51% क्षेत्र को कवर किया गया।

महालवारी प्रणाली के तहत राजस्व निपटान के लिए इकाई गाँव या संपत्ति थी। गाँव की भूमि गाँव समुदाय के साथ संयुक्त रूप से सह-हिस्सेदारों के शरीर की थी, जो संयुक्त रूप से भू-राजस्व के भुगतान के लिए ज़िम्मेदार थे, हालाँकि व्यक्तिगत ज़िम्मेदारी भी थी। महालवारी का कार्यकाल उत्तर प्रदेश के प्रमुख भागों और मध्य प्रांत पंजाब में शुरू किया गया था तथा इस क्षेत्र का लगभग तीस प्रतिशत शामिल था। सन् 1822 के विनियमन सात ने होल्ट मैकेंजी की सिफ़ारिश को कानूनी मंजूरी दी, जिसने सन् 1819 में उत्तर भारत में ग्राम समुदायों के अस्तित्व पर ज़ोर देते हुए उनका मिनट रिकॉर्ड किया। उन्होंने भूमि का सर्वेक्षण करने, भूमि में अधिकारों का रिकॉर्ड तैयार करने, गाँव या महल द्वारा भूमि राजस्व माँग, गाँव के निपटान और ग्राम प्रधान या लंबरदार के माध्यम से भूमि राजस्व का संग्रह करने की सिफ़ारिश की। इस प्रकार ज़मींदारों द्वारा दिए गए किराए के मूल्य के अस्सी प्रतिशत के आधार पर भू-राजस्व बस्तियाँ बनाई गईं। ऐसे मामलों में जहाँ सामान्य किराएदारी में खेती करने वालों द्वारा संपदा रखी जाती थी, राज्य की माँग को किराए के 95% पर तय किया गया था। राज्य की अत्यधिक माँग और इसके कामकाज तथा भूमि राजस्व के संग्रह में कठोरता के कारण प्रणाली टूट गई।

सन् 1833 के विनियमन नौ ने उत्पादन और किराए के अनुमान तैयार करने के लिए प्रक्रिया के सरलीकरण के लिए प्रदान किया और मिट्टी के विभिन्न वर्गों के लिए औसत किराए को ठीक करने की प्रणाली की शुरुआत की। राज्य की माँग किराए के मूल्य के 66% पर तय की गई थी और निपटान तीस वर्षों के लिए किया गया था। योजना के तहत निपटान का काम सन् 1833 में शुरू हुआ और जेम्स थॉमसन के प्रशासन के तहत पूरा हुआ। सन् 1855 के संशोधित सहारनपुर नियमों के तहत, राज्य की माँग किराए के मूल्य के पचास प्रतिशत तक सीमित थी।

उच्च राजस्व माँगों ने विनाश को जन्म दिया, क्योंकि इसने उन्नीसवीं शताब्दी में ग़रीबी और कृषि की गिरावट को जन्म दिया। इसने किसान को मनी-लेंडर के चंगुल में फँसने के लिए मजबूर कर दिया। यदि किसान पैसा नहीं दे पाता, तो उसकी ज़मीन

बेच दी जाती। धीरे-धीरे अधिक भूमि साहूकारों, व्यापारियों, अमीर किसानों और अन्य धनवान वर्गों के हाथों में चली गई। बढ़ते व्यावसायीकरण ने मनी-लेंडर सह व्यापारी को खेती करने वाले का फ़ायदा उठाने में भी मदद की। किसान को फ़सल के बाद और जो भी क़ीमत मिल सकती थी, वह सरकार, ज़मींदार और साहूकार की माँगों को पूरा करने के लिए उसे अपनी उपज बेचने के लिए मजबूर होना पड़ा। उपरोक्त कारकों में जोड़ा गया था, किसानों पर भारी जनसंख्या के दबाव का बढ़ना किसानों पर भारी पड़ा।

निष्कर्षत: यह कहा जा सकता है कि ब्रिटिश काल में कृषि के व्यावसायीकरण और इसे ब्रिटिश साम्राज्य की अर्थव्यवस्था के साथ समन्वित करने के प्रयासों के कारण भारतीय कृषि और भारतीय गाँवों के आत्मनिर्भर स्वरूप में कुछ महत्त्वपूर्ण परिवर्तन हुए। उन्नीसवीं शताब्दी के अंत के वर्षों और बीसवीं शताब्दी के प्रारंभ में नहरों के ज़रिए सिंचाई करने की परियोजनाओं में पूँजी निवेश के कारण ये परिवर्तन हुए। कृषि के वैज्ञानिक तौर-तरीक़ों को अपनाने से परिवर्तन की शुरुआत हुई और भारत के कुछ भागों में तो इसका स्पष्ट प्रभाव दिखाई दिया, लेकिन पुराने पड़ चुके अर्द्ध सामंती भूमि-संबंधों के रहते इन परिवर्तनों से भारतीय कृषि में ज़्यादा गतिशीलता नहीं आ पाई। नतीजा यह हुआ कि कृषि के क्षेत्र में विकास कुल मिलाकर निराशाजनक ही रहा।

□

स्वतंत्रता पश्चात् कृषि व्यवस्था

देश को स्वतंत्रता मिलने के बाद से ही कृषक समुदाय के लोगों की दशा सुधारने के उद्देश्य से कृषि क्षेत्र में बदलाव लाने के योजनाबद्ध प्रयास शुरू हुए। कृषि के क्षेत्र में नई जान फूँकने के इरादे से नीति निर्माताओं ने दोहरी नीति अपनाई। इसकी पहली विशेषता यह थी कि कृषि के विकास में संस्थागत बाधाओं को दूर करने के लिये भूमि सुधारों को लागू किया गया। चूँकि किसान आंदोलन हमारे राष्ट्रीय आंदोलन का ही एक हिस्सा था और इस आंदोलन से राष्ट्रीय आंदोलन को ज़ोरदार समर्थन मिला, इसलिए हमारे राष्ट्रीय नेता आज़ादी मिलने के बाद व्यापक भूमि सुधार लागू करने के बारे में वचनबद्ध थे। हमारी राष्ट्रीय नीति का दूसरा पहलू यह था कि हमने सिंचाई, बिजली और ग्रामीण क्षेत्रों में बुनियादी ढाँचे के विकास में बड़े पैमाने पर पूँजी निवेश किया। साठ के दशक के मध्य में एक अन्य महत्त्वपूर्ण नीतिगत प्रयास के तहत कृषि मूल्य नीति लागू की गई, जो काफ़ी उपयोगी सिद्ध हुई।

भारत में आज़ादी के बाद मोटे तौर पर चार चरणों में भूमि सुधार संबंधी कानून बनाए गए। सबसे महत्त्वपूर्ण कानून, जो बेनामी ज़मींदारियाँ समाप्त करने और भू-स्वामित्व प्रणाली में सुधार से संबंधित थे, सन् 1950 के दशक के मध्य में बनाए गए। ज़मीन की अधिकतम सीमा निर्धारित करने और फालतू ज़मीन को भूमिहीनों तथा छोटे काश्तकारों में बाँटने संबंधी अधिनियम सबसे पहले सन् 1950 के दशक के मध्य में और फिर सन् 1960 के दशक के मध्य में पारित किए गए। बीस सूत्री कार्यक्रम के अंतर्गत आपातकाल के दौरान भी इस बारे में कानून बनाए गए।

स्वतंत्रता प्राप्ति के बाद का समय भारतीय कृषि के विकास के इतिहास में एक महत्त्वपूर्ण मोड़ है। आँकड़ों से यह बात एकदम साफ़ है कि सन् 1950 से पहले भारत में कृषि की विकास दर सिर्फ़ 0.5 प्रतिशत वार्षिक से भी कम थी, जबकि आज़ादी के बाद के वर्षों में कृषि उत्पादन 2.6 प्रतिशत वार्षिक की अभूतपूर्व दर से बढ़ा। हालाँकि जनसंख्या में भारी वृद्धि और बढ़ती हुई प्रति व्यक्ति आय को देखते हुए

कृषि की विकास दर आवश्यकता से काफ़ी कम है, फिर भी इससे पहले के युग के मुक़ाबले यह काफ़ी महत्त्वपूर्ण है। यह कहा जा सकता है कि आज़ादी के बाद की अवधि में विकास के दो स्पष्ट दौर दिखाई देते हैं, जिनकी विशेषता यह है कि उनमें कृषि के विकास की अलग-अलग नीतियाँ अपनाई गई। पहला दौर सन् 1951 से 1961 तक का है। इस दौरान संस्थागत परिवर्तन, भूमि सुधार और सिंचाई की सुविधा के विस्तार पर विशेष ज़ोर दिया गया। इस दौर में सामुदायिक विकास कार्यक्रमों के ज़रिए विकास का फ़ायदा देशभर में पहुँचाने का प्रयास किया गया। अर्द्ध सामंती ज़मींदारों की ताक़त घटा दिए जाने के बाद, अपनी खुद की ज़मीन पर खेती करने वाले बहुसंख्यक काश्तकारों को सिंचाई के साथ खेती-बाड़ी के बेहतर तौर-तरीक़ों की जानकारी देने का प्रयास किया गया।

सन् 1960-61 से आगे के दूसरे दौर में सघन क्षेत्र विकास कार्यक्रमों के ज़रिए देश के चुने हुए क्षेत्रों में खेती का आधुनिक साज-सामान और सुधरी हुई विधियाँ अपनाकर उपज बढ़ाने की ओर विशेष ध्यान दिया गया। इस दौर में कृषि में टेक्नोलॉजी को एक महत्त्वपूर्ण निवेश के रूप में स्पष्ट रूप से मान्यता मिली। शुरू में नई टेक्नोलॉजी कोई ज़्यादा प्रभावशाली सिद्ध नहीं हुई और सन् 1960 के दशक के शुरू में कृषि की हालत काफ़ी बिगड़ गई। नतीजा यह हुआ कि देश को बड़े पैमाने पर अनाज विदेशों से मँगाना पड़ा। कृषि के क्षेत्र में नई टेक्नोलॉजी का अच्छा असर सन् 1960 के दशक के मध्य में दिखाई देने लगा। यह वह समय था, जब हरित क्रांति की टेक्नोलॉजी अपनाई गई। हालाँकि शुरू में यह टेक्नोलॉजी देश के कुछ उत्तर पश्चिमी राज्यों में सिर्फ़ गेहूँ के उत्पादन में इस्तेमाल की गई, लेकिन शीघ्र ही यह देश के अन्य भागों और अन्य फ़सलों के लिए भी उपयोग में लाई जाने लगी। कृषि और वैज्ञानिक अनुसंधान के क्षेत्र में बड़े पैमाने पर पूँजी निवेश के परिणामस्वरूप नई नीति की सफलता सामने आने लगी। इसके अलावा सन् 1960 के दशक के मध्य में कृषि मूल्य आयोग के गठन के बाद जब कृषि उपज के लिये अत्यंत उपयोगी मूल्य नीति लागू कर दी गई, तो किसानों को नई टेक्नोलॉजी बड़े पैमाने पर अपनाने की पर्याप्त प्रेरणा मिली।

स्वतंत्रता पश्चात् भारत में कृषि के विकास की विशेषता यह है कि देश के अलग-अलग भागों में विकास दर की दृष्टि से व्यापक क्षेत्रीय असमानताएँ हैं। पंजाब, हरियाणा और उत्तर प्रदेश जैसे उत्तर-पश्चिम राज्यों में विकास की दर एक समान रूप से ऊँची बनी रही है। इसके अलावा सन् 1970 के दशक में भी आंध्र प्रदेश में विकास दर काफ़ी ऊँची रही। यह बात बड़ी दिलचस्प है कि जहाँ एक ओर गुजरात

और महाराष्ट्र जैसे राज्यों में सन् 1970 के दशक में उत्पादन में सुधार हुआ, वहीं आंध्र प्रदेश के अपवाद को छोड़कर, जहाँ विकास दर 4.32 प्रतिशत रही, अन्य दक्षिणी राज्यों का प्रदर्शन निराशाजनक रहा। तमिलनाडु और केरल की स्थिति तो विशेष रूप से असंतोषजनक रही, लेकिन कृषि उत्पादन में वृद्धि के लिहाज से पूर्वी भारत के राज्यों की हालत अब भी नाजुक बनी हुई है। असम को छोड़कर सभी पूर्वी राज्यों जैसे उड़ीसा, बिहार और पश्चिम बंगाल का कार्य बहुत ही निराशाजनक रहा है। इन राज्यों में कृषि के क्षेत्र में धीमी गति से विकास का सामान्य कारण सिंचाई और जल प्रबंध के क्षेत्र में कम पूँजी निवेश और संस्थागत कमियाँ रही हैं।

कृषि के विकास के स्वरूप की दूसरी प्रमुख विशेषता यह है कि इससे विभिन्न वर्ग के काश्तकारों के बीच आपसी असमानता का सिलसिला बढ़ता गया है। समय के साथ-साथ कृषि जोतों के औसत आकार में काफ़ी अंतर आ गया है। सन् 1953-54 में जोतों का औसत आकार प्रति परिवार 3.1 हेक्टेयर था, जो सन् 1981-82 में घटकर 1.7 हेक्टेयर रह गया। इसके अलावा यह बात भी ध्यान देने योग्य है कि अगर अखिल भारतीय स्तर पर विचार करें, तो छोटे और सीमांत किसानों की कुल संख्या सन् 1981-82 में बढ़कर 75.3 प्रतिशत हो गई थी, जबकि सन् 1953-54 में यह 60 प्रतिशत थी।

छोटे और सीमांत किसानों की अधिक संख्या का नतीजा यह हुआ है कि कृषि की दृष्टि से विकसित क्षेत्रों में भी छोटे काश्तकार नई टेक्नोलॉजी का पूरा-पूरा फ़ायदा नहीं उठा पाए हैं। उनमें से काफ़ी बड़ा हिस्सा ग़रीबी और कंगाली का शिकार हैं। कृषि उत्पादन की दृष्टि से ठहराव की स्थिति में पहुँच गए क्षेत्रों में यह बात विशेष रूप से देखने में आई है। प्रारंभ में इन किसानों ने खेती में बड़े पैमाने पर पूँजी निवेश किया और नई टेक्नोलॉजी अपनाने में पहल की। इसके लिए कुछ पैसा किसानों ने अपनी बचत से जुटाया और कुछ सरकारी एजेंसियों से उधार लिया गया। इसलिए कृषि उपज में भारी वृद्धि का श्रेय कुछ हद तक किसानों की पहल और उद्यमिता को दिया जा सकता है, लेकिन एक बार आवश्यक साज-सामान प्राप्त कर लेने के बाद पूँजी निवेश की दर में गिरावट शुरू हो गई।

पूँजीवादी तरीक़े से कृषि के विकास की वजह से इन क्षेत्रों में जो विरोधाभास की स्थिति उत्पन्न हुई है उसने खेतिहर मज़दूरों और पूँजीपति किसानों को आमने-सामने खड़ा कर दिया है। इसके अलावा, चूँकि सीमांत और छोटे किसानों को भी नयी टेक्नोलॉजी का कुछ-न-कुछ फ़ायदा हुआ है, इसलिए छोटे काश्तकारों और धनी

किसानों में राजनीतिक आधार पर कोई अंतर नहीं है, लेकिन जहाँ तक नई टेक्नोलॉजी के फ़ायदे का सवाल है, छोटे और बड़े किसानों के बीच भारी अंतर है, जो और बढ़ता जा रहा है।

प्रथम पंचवर्षीय योजना

प्रथम पंचवर्षीय योजना 1 अप्रैल, वर्ष 1951 से लेकर 31 मार्च, वर्ष 1956 तक चली। प्रथम पंचवर्षीय योजना की कोशिश देश को ग़रीबी से बाहर निकालने की थी। इस योजना को तैयार करने में जुटे विशेषज्ञों में एक के.एन. राज थे। इस युवा अर्थशास्त्री की दलील थी कि अगले दो दशक तक भारत को अपनी चाल धीमी रखनी चाहिए, क्योंकि तेज़ रफ़्तार विकास से अर्थव्यवस्था को नुकसान पहुँचेगा। पहली पंचवर्षीय योजना में ज़्यादा ज़ोर कृषि क्षेत्र पर दिया गया था। इसी योजना के अंतर्गत बाँध और सिंचाई के क्षेत्र में निवेश किया गया। विभाजन की वजह से कृषि क्षेत्र पर गहरा प्रभाव पड़ा था, इसलिए इसकी तरफ़ तुरंत ध्यान देना ज़रूरी था। भाखड़ा-नांगल जैसी विशाल परियोजनाओं के लिए बड़ी धनराशि आबंटित की गई। इस पंचवर्षीय योजना में माना गया था कि देश में भूमि के वितरण का जो ढर्रा मौजूद है उससे कृषि के विकास को सबसे बड़ी बाधा पहुँचती है। इस योजना में भूमि-सुधार पर ज़ोर दिया गया और उसे देश के विकास की बुनियादी चीज़ माना गया। योजनाकारों का बुनियादी लक्ष्य राष्ट्रीय आय के स्तर को ऊँचा करने का था। यह तभी संभव था जब लोगों की बचत उनके ख़र्च से ज़्यादा हो। सन् 1950 के दशक में ख़र्च का स्तर भी बहुत नीचे था। इसे अब और कम नहीं किया जा सकता था। योजनाकारों ने बचत को बढ़ावा देने की कोशिश की। यह काम भी कठिन था, क्योंकि देश में रोज़गार के क़ाबिल जितने लोग थे, उनकी तुलना में देश का मौजूदा पूँजी-भंडार कम था। बावजूद इसके नियोजन की प्रक्रिया में लोगों की बचत तीसरी पंचवर्षीय योजना तक बढ़ी, लेकिन यह बचत उम्मीद के अनुरूप नहीं थी। प्रथम पंचवर्षीय योजना की शुरुआत में इससे कहीं ज़्यादा बचत की उम्मीद की गई थी। बाद के दिनों में यानी सन् 1960 से लेकर 1970 के शुरुआती सालों तक बचत की मात्रा में लगातार कमी आई।

भारत के पहले प्रधानमंत्री पंडित जवाहरलाल नेहरू ने सन् 1951 को भारत की संसद में पहली पाँच साल की योजना प्रस्तुत की। योजना मुख्य रूप से बाँधों और सिंचाई में निवेश सहित कृषि क्षेत्र पर आधारित थी। भारत के विभाजन के बाद कृषि क्षेत्र में ध्यान देने की ज़्यादा ज़रूरत थी। प्रथम पंचवर्षीय योजना हैरॉड-डोमर मॉडल

पर आधारित थी। इसका मुख्य ध्यान देश की कृषि व्यवस्था पर था। प्रथम पंचवर्षीय योजना का लक्ष्य विकास दर 2.1% की वार्षिक सकल घरेलू उत्पाद (जीडीपी) हासिल करना था, लेकिन यह योजना सफल रही और विकास दर 3.6% हासिल की गई। शुद्ध घरेलू उत्पाद 15% से ऊपर चला गया। मानसून अच्छा था और वहीं अपेक्षाकृत फ़सल की पैदावार भी उच्च हुई। सन् 1956 में पंचवर्षीय योजना अवधि के अंत में पाँच भारतीय प्रौद्योगिकी (आईआईटी) संस्थान को प्रमुख तकनीकी संस्थानों के रूप में शुरू किया गया। विश्वविद्यालय अनुदान आयोग ने धन का ख़्याल रखा और संबंधित क्षेत्र के लिए देश में उच्च शिक्षा को मज़बूती से स्थापित किया गया था।

पंचवर्षीय योजनाओं के लक्ष्य थे संवृद्धि, आधुनिकीकरण, आत्मनिर्भरता और समानता। सीमित संसाधनों के कारण प्रत्येक योजना में ऐसे लक्ष्यों का चयन करना पड़ा, जिनको प्राथमिकता दी गई। योजनाकारों को यह सुनिश्चित करना पड़ा कि जहाँ तक संभव हो, चारों उद्देश्यों में कोई अंतर्विरोध न हो।

➢ **संवृद्धि-**

संवृद्धि का अर्थ है कि देश में वस्तुओं और सेवाओं की उत्पादन क्षमता में वृद्धि। इसका अभिप्राय उत्पादक पूँजी के अधिक भंडार या परिवहन, बैंकिंग आदि सहायक सेवाओं का विस्तार या उत्पादक पूँजी तथा सेवाओं की दक्षता में वृद्धि से है। अर्थशास्त्र की भाषा में आर्थिक संवृद्धि का प्रामाणिक सूचक सकल घरेलू उत्पाद (जीडीपी) में निरंतर वृद्धि है। प्रथम पंचवर्षीय योजना के अनुसार वस्तुओं और सेवाओं का अधिक उत्पादन करना आवश्यक है। देश का सकल घरेलू उत्पाद देश की अर्थव्यवस्था के अलग-अलग क्षेत्रों से प्राप्त होता है। ये क्षेत्र हैं- कृषि, औद्योगिक और सेवा। इस क्षेत्रों के योगदान से ही अर्थव्यवस्था का ढाँचा तैयार होता है। कुछ देशों में सकल घरेलू उत्पाद की संवृद्धि में कृषि का योगदान अधिक होता है।

➢ **आधुनिकीकरण-**

वस्तुओं और सेवाओं का उत्पादन बढ़ाने के लिए उत्पादकों को नई प्रौद्योगिकी अपनानी पड़ती है। उदाहरण के लिए, किसान पुराने बीजों के स्थान पर नए किस्म के बीजों का प्रयोग करके अपनी खेती की पैदावार बढ़ा सकता है। आधुनिकीकरण केवल नवीन प्रौद्योगिकी के प्रयोग तक सीमित नहीं है, बल्कि इसका उद्देश्य सामाजिक दृष्टिकोण में परिवर्तन लाना भी है।

➤ **आत्मनिर्भरता-**

देश की प्रथम सात पंचवर्षीय योजनाओं में आत्मनिर्भरता को महत्त्व दिया गया, जिसका अर्थ है कि उन चीज़ों के आयात से बचा जाए, जिनका देश में ही उत्पादन संभव था। इस नीति को विशेषकर खाद्यान्न के लिए अन्य देशों पर निर्भरता कम करने के लिए आवश्यक समझा गया। विदेशी शासन से मुक्त हुए देश के लोगों की आत्मनिर्भरता की नीति को महत्त्व देना समझा जा सकता है।

➤ **समानता-**

केवल संवृद्धि, आधुनिकीकरण और आत्मनिर्भरता के द्वारा ही जनसामान्य के जीवन में सुधार नहीं आ सकता। इसके साथ-साथ समानता भी महत्त्वपूर्ण है। प्रत्येक भारतीय को भोजन, अच्छा आवास, शिक्षा, स्वास्थ्य सेवाएँ जैसी मूलभूत आवश्यकताओं को पूरा कर पाने में समर्थ होना चाहिए और धन संपत्ति के वितरण की असमानताएँ भी कम होनी चाहिए।

1967-68 हरित-क्रांति

आज़ादी के बाद भारत खाद्यान्नों तथा अन्य कृषि उत्पादों की भारी कमी से जूझ रहा था। सन् 1947 में देश को स्वतंत्रता मिलने से पहले बंगाल में भीषण अकाल पड़ा था, जिसमें लगभग बीस लाख से अधिक लोगों की मौत हुई थी। इसका मुख्य कारण कृषि को लेकर औपनिवेशिक शासन की कमज़ोर नीतियाँ थीं। सन् 1947 में देश की जनसंख्या लगभग तीस करोड़ थी। खाद्यान्न उत्पादन कम होने के कारण इन लोगों तक अनाज की आपूर्ति करना असंभव था। रासायनिक उर्वरकों का उपयोग अधिकतर रोपण फ़सलों में किया जाता था। खाद्यान्न फ़सलों में किसान गोबर से बनी खाद का ही उपयोग करते थे। पहली दो पंचवर्षीय योजनाओं (सन् 1950 से 1960) में सिंचित क्षेत्र के विस्तार व उर्वरकों का उत्पादन बढ़ाने पर ज़ोर दिया गया, लेकिन इन सबके बावजूद अनाज संकट का कोई स्थायी समाधान नहीं निकल सका।

सन् 1960 के मध्य में स्थिति और भी दयनीय हो गई, जब पूरे देश में अकाल की स्थिति बनने लगी। उन परिस्थितियों में भारत सरकार ने विदेशों से हाइब्रिड प्रजाति के बीज मँगाए। अपनी उच्च उत्पादकता के कारण इन बीजों को 'उच्च उत्पादकता किस्में' (High Yielding Varieties– HYVs) कहा जाता था। वर्ष 1966-67 में भारत में हरित क्रांति को औपचारिक तौर पर अपनाया गया। मुख्य तौर पर हरित क्रांति देश

में कृषि उत्पादन को बढ़ाने के लिए लागू की गई एक नीति थी। इसके तहत अनाज उगाने के लिए प्रयुक्त पारंपरिक बीजों के स्थान पर उन्नत किस्म के बीजों के प्रयोग को बढ़ावा दिया गया। पारंपरिक बीजों के स्थान पर 'एचवाईवीएस' (HYVs) के प्रयोग में सिंचाई के लिए अधिक पानी, उर्वरक, कीटनाशक की आवश्यकता होती थी। अतः सरकार ने इनकी आपूर्ति हेतु सिंचाई योजनाओं का विस्तार किया तथा उर्वरकों आदि पर सब्सिडी देना प्रारंभ किया। प्रारंभ में एचवाईवीएस का प्रयोग गेहूँ, चावल, ज्वार, बाज़रा और मक्का में ही किया गया तथा गैर खाद्यान्न फ़सलों को इसमें शामिल नहीं किया गया। परिणामस्वरूप भारत में अनाज उत्पादन में अत्यंत वृद्धि हुई।

हरित क्रांति से देश में खाद्यान्न उत्पादन तथा खाद्यान्न गहनता दोनों में तीव्र वृद्धि हुई और भारत अनाज उत्पादन के मामले में आत्मनिर्भर हो सका। वर्ष 1968 में गेहूँ का उत्पादन 170 लाख टन हो गया, जो कि उस समय का रिकॉर्ड था तथा उसके बाद के वर्षों में यह उत्पादन लगातार बढ़ता गया। हरित क्रांति के बाद कृषि में नवीन मशीनों जैसे- ट्रैक्टर, हार्वेस्टर, ट्यूबवेल, पंप आदि का प्रयोग किया जाने लगा। इस प्रकार तकनीकी के प्रयोग से कृषि का स्तर बढ़ा तथा कम समय और कम श्रम में अधिक उत्पादन संभव हुआ। हरित क्रांति तथा मशीनीकरण से उत्पादन में हुई बढ़ोत्तरी के कारण ग्रामीण क्षेत्रों में रोज़गार के नए अवसर विकसित हुए। हरित क्रांति की वजह से पूर्वी उत्तर प्रदेश, बिहार तथा ओडिशा से लाखों की संख्या में मज़दूर पंजाब, हरियाणा और पश्चिमी उत्तर प्रदेश में रोज़गार की तलाश में जाने लगे।

हरित क्रांति की वजह से भारत के ग्रामीण समाज में व्यापक स्तर पर बदलाव हुए। किसानों की आय बढ़ने से उनके सामाजिक एवं शैक्षिक स्तर का विकास हुआ। हरित क्रांति के कारण लोगों की आय में वृद्धि हुई और इसने ग्रामीण समाज में पारंपरिक रूप से चली आ रही प्रथाओं जैसे- जजमानी प्रथा, वस्तु-विनिमय प्रणाली आदि को समाप्त किया। इसका परिणाम यह हुआ कि धनी व निर्धन किसानों के बीच असमानता बढ़ती गई। धनी कृषक वर्ग पहले की अपेक्षा अधिक अमीर हो गए और ग़रीब किसानों की आय के स्तर में विशेष वृद्धि नहीं हो पाई और वह दूसरे किसानों की तुलना में ग़रीब होते गए। कुछ स्थानों पर इस असमानता की वजह से संघर्ष भी हुए।

सरकार ने निम्न ब्याज दर पर छोटे किसानों को ऋण दिए और उर्वरकों पर आर्थिक सहायता दी, ताकि छोटे व ग़रीब किसानों को ये आवश्यक आगत उपलब्ध हो सके। छोटे किसानों को इन आगतों के प्राप्ति से छोटे खेतों की उपज और उत्पादकता भी समय के साथ बड़े खेतों की पैदावार के बराबर हो गई। इस तरह हरित क्रांति से छोटे-बड़े सभी किसानों को लाभ मिला।

भारतीय किसान यूनियन

सन् 1988 के जनवरी में उत्तर प्रदेश के मेरठ शहर में लगभग बीस हज़ार किसान जमा हुए। ये किसान सरकार द्वारा बिजली की दर में की गई बढ़ोत्तरी का विरोध कर रहे थे। किसान ज़िला समाहर्ता के दफ़्तर के बाहर तीन हफ्तों तक डेरा डाले रहे। इसके बाद किसानों की माँग मान ली गई। मेरठ के इस धरने को ग्रामीण शक्ति का एक बड़ा प्रदर्शन माना गया। धरने पर बैठे किसान, भारतीय किसान यूनियन (बीकूयू) के सदस्य थे। बीकेयू पश्चिमी उत्तर प्रदेश और हरियाणा के किसानों का एक संगठन था। यह अस्सी के दशक के किसान आंदोलन के अग्रणी संगठनों में से एक था। भारतीय किसान यूनियन (Bhartiya Kisan Union– BKU) का गठन वर्ष 1978 में चौधरी चरण सिंह और महेंद्र सिंह टिकैत ने मिलकर उत्तर प्रदेश के मुज़फ़्फ़नगर के सिसौली गाँव में किया था।

भारतीय किसान यूनियन ने गन्ने और गेहूँ के सरकारी ख़रीद मूल्य में बढ़ोत्तरी करने, कृषि उत्पादों के अंतर्राज्यीय आवाजाही पर लगी पाबंदियाँ हटाने, समुचित दर पर गारंटीशुदा बिजली आपूर्ति करने, किसानों के बक़ाया कर्ज़ माफ़ करने तथा किसानों के लिए पेंशन का प्रावधान करने की माँग की। ऐसी माँगें देश के अन्य किसान संगठनों ने भी उठाई। यही विवाद सन् 1980 के दशक में एक बार फिर उठा, जब उदारीकरण की आर्थिक नीतियों के कारण कृषि क्षेत्र पर ख़तरा मँडराने लगा था। सरकार से अपनी माँगों को पूरा करवाने के लिए बीकेयू ने रैली, धरना, विरोध प्रदर्शन और अभियान का सहारा लिया। इन कार्रवाइयों में पश्चिमी उत्तर प्रदेश और उसके आस-पास के इलाके के गाँवों के हज़ारों किसानों ने भाग लिया। पूरे अस्सी के दशक में बीकेयू ने राज्य के अनेक ज़िला मुख्यालयों पर इन किसानों की विशाल रैली आयोजित की। देश की राजधानी दिल्ली में भी बीकेयू ने रैली का आयोजन किया। बीकेयू के अधिकांश सदस्य एक ख़ास समुदाय के थे।

सन् 1990 के दशक के शुरुआती सालों तक बीकेयू ने अपने को सभी राजनीतिक दलों से दूर रखा था। इस संगठन ने राज्यों में मौजूद अन्य किसान संगठनों को साथ लेकर अपनी कुछ माँगें मनवाने में सफलता पाई। इस अर्थ में किसान आंदोलन अस्सी के दशक में सबसे ज़्यादा सफल सामाजिक आंदोलन था। यह आंदोलन मुख्य रूप से देश के समृद्ध राज्यों में सक्रिय था।

भारतीय किसान यूनियन (बीकेयू) का लक्ष्य भारत के किसानों का समग्र विकास है। भारतीय किसान यूनियन एक गैर-राजनीतिक किसानों का संगठन है, जिसका

मक़सद किसानों की आवाज़ को सरकार तक पहुँचना है। भारतीय किसानों के उत्थान हेतु इस संगठन को साकार किया।

महेंद्र सिंह टिकैत भारतीय किसान यूनियन के मुखिया और स्वतंत्र भारत के इतिहास के प्रसिद्ध किसान नेता रहे। किसानों के लिए किए गए उनके काम के लिए उन्हें अकसर किसानों का दूसरा मसीहा के नाम से पुकारा जाता था। भारतीय किसान यूनियन के माध्यम से महेंद्र सिंह टिकैत ने किसानों की हित के लिए कई आंदोलन किए। वर्तमान में भारतीय किसान यूनियन के अध्यक्ष चौधरी महेंद्र सिंह टिकैत के बड़े बेटे नरेश टिकैत हैं और उनसे छोटे बेटे राकेश सिंह टिकैत यूनियन के राष्ट्रीय प्रवक्ता हैं। महेंद्र सिंह टिकैत का 75 वर्ष की आयु में कैंसर रोग के चलते निधन हो गया था। निधन के बाद उनके बड़े बेटे नरेश टिकैत ने बालियान खाप पंचायत और भारतीय किसान यूनियन की ज़िम्मेदारी संभाली।

भारतीय किसान यूनियन के राष्ट्रीय प्रवक्ता राकेश टिकैत किसानों का दु:ख-दर्द समझने वाले एक लोकप्रिय नेता बनकर उभरे। पिता की मृत्यु के बाद जितने भी किसान आंदोलन हुए, उनमें से अधिकतर आंदोलनों का नेतृत्व राकेश टिकैत ने ही किया। राकेश टिकैत कुछ समय के लिए दिल्ली पुलिस में कार्यरत भी थे, लेकिन उन्होंने ये नौकरी छोड़ दी और भारतीय किसान यूनियन में शामिल हो गए। यूनियन में शामिल होने के बाद राकेश टिकैत अपने पिता की तरह ही किसानों के हित में काम करने लगे।

□

भारत में कृषि आंदोलनः उद्भव एवं विकास

भारत में विभिन्न कालों में तथा स्थानों पर असंख्य कृषि आंदोलन हुए हैं। इन आंदोलनों के अनेक विवरण इतिहासकारों, राजनीतिज्ञों, वैज्ञानिकों, समाजशास्त्रियों तथा मानव विज्ञानियों द्वारा प्रस्तुत किए गए हैं। कृषि आंदोलन सामाजिक आंदोलनों के प्रमुख परिवर्ती हैं। भारतीय संस्कृति में त्योहार, रीति-रिवाज़, संस्कार, कर्मकांड आदि खेती से जुड़े हुए हैं। खेती ही भारत के आत्मनिर्भर होने का मूल आधार थी, लेकिन अंग्रेज़ों ने भारत की अर्थव्यवस्था को नष्ट करने के लिए भूमि व्यवस्था को बदलकर ज़मींदारी प्रथा प्रारंभ की। इससे किसान निरंतर ग़रीब होते रहे। खेती पर देश की आत्मनिर्भरता नष्ट होती गई।

ब्रिटिश शासन में भी समय-समय पर कई किसान आंदोलन हुए, जिन्होंने स्वतंत्रता आंदोलनों में अहम भूमिका निभाई। स्वतंत्रता से पहले किसान आंदोलनों पर गाँधी जी का स्पष्ट प्रभाव देखने को मिलता था, यही कारण था कि वे पूरी तरह अहिंसक होते थे। वास्तव में देखें तो देश में जितने भी किसान आंदोलन हुए, उनमें अधिकांश आंदोलन अंग्रेज़ों के ख़िलाफ़ होते थे। देश में नील पैदा करने वाले किसानों का आंदोलन, पाबना विद्रोह, तेभागा आंदोलन, चंपारण का सत्याग्रह, बारदोली सत्याग्रह आदि प्रमुख किसान आंदोलन हुए। इनमें से अधिकांश आंदोलनों का नेतृत्व महात्मा गाँधी और सरदार वल्लभभाई पटेल जैसे नेताओं ने किया।

कृषि आंदोलन का उदय

भारत में किसान आंदोलन का इतिहास लगभग दो-सौ (200) वर्ष पुराना है। उन्नीसवीं शताब्दी में बंगाल का नील विद्रोह और पंजाब का किसान आंदोलन इसके प्रमाण हैं। भारतीय किसान आंदोलन की राष्ट्रीय स्वतंत्रता आंदोलन में महत्त्वपूर्ण भूमिका

रही। किसान आंदोलन और राष्ट्रीय आंदोलन का अटूट रिश्ता था। सन् 1917 में नील कृषकों द्वारा बिहार के चंपारण ज़िले में गाँधी जी के नेतृत्व में चलाया गया किसान संघर्ष देश का राजनीतिक दृष्टि से पहला संगठित आंदोलन था। किसान आंदोलन वहीं उभरे जहाँ राष्ट्रीय आंदोलन की नींव पड़ चुकी थी। सन् 1908 में 'हिंद स्वराज' में गाँधी जी ने किसानों को आत्मबल युक्त समुदाय के रूप में देखा था और उसे सत्याग्रह का परंपरागत प्रयोगकर्ता बताया था। मदन मोहन मालवीय, इन्द्र नारायण द्विवेदी और गौरी शंकर मिश्र आदि के प्रयासों से सन् 1918 में अवध में किसान सभा का गठन हुआ था। अवध किसान सभा ने किसानों से बेदख़ली ज़मीन को जोतने और बेगार न करने की अपील की थी। सन् 1920 के बाद स्थानीय लोगों की पहल पर आधारित किसानों के संघर्षों को दबाने के लिए कई बार किसानों पर गोलियाँ चलाई गईं। नेताओं और कार्यकर्ताओं को गिरफ़्तार किया गया, उन पर मुक़दमा चलाया गया।

सन् 1920 से 1932 के बीच अवध, पंजाब और बिहार में हुए अधिकांश किसान आंदोलन, मध्य वर्गीय संपन्न कृषकों द्वारा चलाए गए थे। विश्व आर्थिक संकट सन् 1925 से 1930 के फलस्वरूप किसान की स्थिति निरंतर बिगड़ती चली गई। मंदी के कारण कृषि उपजों की क़ीमत काफ़ी गिर गई थी। यह स्थिति उसे संघर्ष की ओर ले गई। इसी माहौल में सन् 1930 में सिविल नाफरमानी आंदोलन छेड़ा गया। सन् 1928 में किसानों को बारदोली सत्याग्रह में सफलता मिली। सन् 1937 में किसान आंदोलन का एक नया दौर शुरू हुआ। सन् 1937 से 1939 तक किसान आंदोलन के उत्कर्ष के वर्ष थे। किसानों में जागरूकता पैदा करने का मुख्य माध्यम था थाना, तालुका, ज़िला और प्रांत के स्तर पर किसान सभाएँ या सम्मेलन आयोजित करना। सन् 1938 में पटना में एक बड़ा प्रदर्शन हुआ, जिसमें लगभग एक लाख किसानों ने हिस्सा लिया। द्वितीय विश्व युद्ध छिड़ जाने के कारण किसान आंदोलन रुक-सा गया। युद्ध समाप्त होने पर पंजाब और बिहार में माँग उठी कि तुरंत ज़मींदारी उन्मूलन हो। तेलंगाना में किसानों ने संगठित रूप से ज़मींदारों के अत्याचार का प्रतिरोध किया।

स्वतंत्रता पूर्व हुए कुछ प्रमुख किसान आंदोलन निम्नलिखित हैं-

➢ बिजोलिया किसान आंदोलन

इस आंदोलन की शुरुआत सन् 1847 में हुई। यह किसान आंदोलन पूरे भारत में प्रसिद्ध रहा, जो मशहूर क्रांतिकारी विजय सिंह पथिक के नेतृत्व में चला था। बिजोलिया किसान आंदोलन सन् 1847 से प्रारंभ होकर क़रीब अर्द्ध शताब्दी तक

चलता रहा। किसानों ने जिस प्रकार निरंकुश नौकरशाही एवं स्वेच्छाचारी सामंतों का संगठित होकर मुक़ाबला किया, वह इतिहास बन गया।

➢ कूका विद्रोह

यह आंदोलन सन् 1872 में पंजाब के कूका लोगों (नामधारी सिखों) द्वारा किया गया एक सशस्त्र विद्रोह था। कृषि संबंधी समस्याओं तथा अंग्रेज़ों द्वारा गायों की हत्या को बढ़ावा देने के विरोध में यह विद्रोह किया गया था। बालक सिंह तथा उनके अनुयायी गुरु रामसिंह जी ने इसका नेतृत्व किया था। कूका विद्रोह के दौरान 66 नामधारी सिख शहीद हो गए थे।

➢ दक्कन का विद्रोह

इस आंदोलन की शुरुआत सन् 1874 में महाराष्ट्र के शिरूर तालुका के करडाह गाँव से हुई। दरअसल, एक सूदखोर कालूराम ने किसान बाबा साहब देशमुख के ख़िलाफ़ अदालत से घर की नीलामी की डिक्री प्राप्त कर ली। इस पर किसानों ने साहूकारों के विरुद्ध आंदोलन शुरू कर दिया। इस आंदोलन की ख़ास बात यह थी कि यह एक-दो स्थानों तक सीमित नहीं रहा, बल्कि देश के विभिन्न भागों में फैल गया।

➢ रामोसी किसानों का विद्रोह

महाराष्ट्र में वासुदेव बलवंत फड़के के नेतृत्व में रामोसी किसानों ने ज़मींदारों के अत्याचारों के विरुद्ध विद्रोह का बिगुल फूंका था। इसी तरह आंध्र प्रदेश में सीताराम राजू के नेतृत्व में औपनिवेशिक शासन के विरुद्ध यह विद्रोह हुआ, जो सन् 1879 से लेकर सन् 1922 तक चलता रहा।

➢ ताना भगत आंदोलन

इस आंदोलन की शुरुआत सन् 1914 में बिहार में हुई थी। लगान की ऊँची दर तथा चौकीदारी कर के विरुद्ध ताना भगत आंदोलन छेड़ा गया। इस आंदोलन के प्रवर्तक जतरा भगत थे। मुण्डा आंदोलन की समाप्ति के क़रीब तेरह वर्ष बाद ताना भगत आंदोलन शुरू हुआ था।

➢ नील विद्रोह (चंपारण सत्याग्रह)

नील विद्रोह की शुरुआत बंगाल के किसानों द्वारा सन् 1859 में की गई थी। दूसरी

ओर बिहार के चंपारण में किसानों से अंग्रेज़ बागान मालिकों ने एक अनुबंध करा लिया था, जिसके अंतर्गत किसानों को ज़मीन के 3/20वें हिस्से पर नील की खेती करना अनिवार्य था। इसे तिनकठिया पद्धति कहते थे। जब सन् 1917 में गाँधी जी इन विषम परिस्थितियों से अवगत हुए, तो उन्होंने बिहार जाने का फ़ैसला किया। गाँधी जी मज़हरुल हक, नरहरि पारीख, राजेंद्र प्रसाद एवं जे.बी. कृपलानी के साथ बिहार गए और ब्रिटिश हुकूमत के ख़िलाफ़ अपना पहला सत्याग्रह प्रदर्शन किया।

➢ एका आंदोलन

यह आंदोलन उत्तर प्रदेश से शुरू हुआ। होमरूल लीग के कार्यकर्ताओं के प्रयास तथा मदन मोहन मालवीय के मार्गदर्शन के परिणामस्वरूप फरवरी, सन् 1918 में उत्तर प्रदेश में किसान सभा का गठन किया गया। सन् 1919 के अंतिम दिनों में किसानों का संगठित विद्रोह खुलकर सामने आया। इस संगठन को जवाहरलाल नेहरू ने अपना सहयोग प्रदान किया। उत्तर प्रदेश के हरदोई, बहराइच एवं सीतापुर ज़िलों में लगान में वृद्धि एवं उपज के रूप में लगान वसूली को लेकर यह आंदोलन चलाया गया।

➢ खेड़ा सत्याग्रह

चंपारण के बाद गाँधीजी ने सन् 1918 में खेड़ा किसानों की समस्याओं को लेकर आंदोलन शुरू किया। खेड़ा गुजरात में स्थित है। खेड़ा में गाँधीजी ने अपने प्रथम वास्तविक किसान सत्याग्रह की शुरुआत की। खेड़ा के कुनबी-पाटीदार किसानों ने सरकार से लगान में राहत की माँग की, लेकिन उन्हें कोई रियायत नहीं मिली। गाँधीजी ने मार्च, सन् 1918 को खेड़ा आंदोलन की बागडोर संभाली। अन्य सहयोगियों में सरदार वल्लभभाई पटेल और इन्दुलाल याज्ञनिक थे।

➢ मोपला विद्रोह

इस विद्रोह की शुरुआत केरल के मालाबार क्षेत्र में मोपाला किसानों द्वारा सन् 1920 में की गई। प्रारंभ में यह विद्रोह अंग्रेज़ हुकूमत के ख़िलाफ़ था। महात्मा गाँधी, शौकत अली, मौलाना अबुल कलाम आज़ाद जैसे नेताओं का सहयोग इस आंदोलन को प्राप्त था। हालाँकि सन् 1920 में इस आंदोलन ने हिन्दू-मुस्लिमों के मध्य सांप्रदायिक आंदोलन का रूप ले लिया और बाद में इसे कुचल दिया गया।

➢ अखिल भारतीय किसान सभा

सन् 1923 में स्वामी सहजानंद सरस्वती ने 'बिहार किसान सभा' का गठन किया था। सन् 1928 में 'आंध्र प्रांतीय रैय्यत सभा' की स्थापना एन.जी. रंगा ने की। उड़ीसा में मालती चौधरी ने 'उत्कल प्रांतीय किसान सभा' की स्थापना की। बंगाल में 'टेनेसी एक्ट' को लेकर सन् 1929 में 'कृषक प्रजा पार्टी' की स्थापना हुई। अप्रैल, सन् 1935 में संयुक्त प्रांत में किसान संघ की स्थापना हुई। इसी वर्ष एन.जी. रंगा एवं अन्य किसान नेताओं ने सभी प्रांतीय किसान सभाओं को मिलाकर एक 'अखिल भारतीय किसान संगठन' बनाने की योजना बनाई।

➢ बारदोली सत्याग्रह

सूरत (गुजरात) के बारदोली तालुका में सन् 1928 में किसानों द्वारा लगान के ख़िलाफ़ आंदोलन चलाया गया। इस आंदोलन में केवल 'कुनबी-पाटीदार' जातियों के भू-स्वामी किसानों ने ही नहीं, बल्कि सभी जनजाति के लोगों ने हिस्सा लिया। इस आंदोलन का नेतृत्व सरदार पटेल ने किया था।

➢ तेलंगाना आंदोलन

आंध्र प्रदेश में यह आंदोलन ज़मींदारों एवं साहूकारों के शोषण के ख़िलाफ़ सन् 1946 में शुरू किया गया था। सन् 1858 के बाद हुए किसान आंदोलन का चरित्र पूर्व के आंदोलन से अलग था। अब किसान बगैर किसी मध्यस्थ के स्वयं ही अपनी लड़ाई लड़ने लगे। इनकी अधिकांश माँगें आर्थिक होती थीं।

➢ तेभागा आंदोलन

किसान आंदोलनों में सन् 1946 का बंगाल का तेभागा आंदोलन सर्वाधिक सशक्त आंदोलन था, जिसमें किसानों ने 'फ्लाइड कमीशन' की सिफ़ारिश के अनुरूप लगान की दर घटाकर एक तिहाई करने के लिए संघर्ष शुरू किया था। बंगाल के तेभागा आंदोलन फ़सल का दो-तिहाई हिस्सा उत्पीड़ित बटाईदार किसानों को दिलाने के लिए किया गया था। यह आंदोलन बंगाल के क़रीब पंद्रह ज़िलों में फैला, विशेषकर उत्तरी और तटवर्ती सुंदरबन क्षेत्रों में। इस आंदोलन में लगभग पचास लाख किसानों ने भाग लिया। इसे खेतिहर मज़दूरों का भी व्यापक समर्थन प्राप्त हुआ।

आज़ादी से पहले और आज़ादी के बाद भारत में एक लंबी अवधि व्यतीत होने के बाद भी भारतीय किसानों की दशा में ज़्यादा अंतर दिखाई नहीं दिया। भारत की पहचान जहाँ उन्नत खेती तथा खेती से जुड़े उद्योगों, कलाओं, उत्पादों और कारोबारों से थी, वहाँ स्वतंत्रता के बाद प्राथमिकता उद्योग और उससे जुड़े तकनीकी विकास एवं व्यवसाय हो गए। इसमें खेती पर संकट उत्पन्न होने के साथ-साथ किसानों को भी संकटग्रस्त होना पड़ा। स्वतंत्रता प्राप्ति के बाद राज्य के संरक्षण में प्रायः सभी राज्यों में भूमि सुधार संबंधी नए कानूनों के निर्माण के बाद किसानों के बीच एक नए भू-स्वामी वर्ग का उदय हुआ।

पिछले तीन दशकों में अनेक सशक्त किसान आंदोलन हुए। तमिलनाडु, कर्नाटक, महाराष्ट्र, गुजरात, पंजाब, पश्चिमी उत्तर प्रदेश, हरियाणा आदि राज्यों में लाखों की संख्या में किसान अपनी माँगों को लेकर सड़कों पर निकले। उड़ीसा, राजस्थान आदि में भी किसानों ने आंदोलन किए। अस्सी और नब्बे के दशक में भारत में अनेक किसान आंदोलन हुए। किसानों के बड़े-बड़े धरने एवं रैलियाँ हुईं। इनमें लाखों किसानों ने भाग लिया। किसानों का शोषण, कृषि उपज का उचित दाम न मिलना, किसानों पर बढ़ता कर्ज़, किसानों पर बढ़ते हुए शुल्क, बिजली के बढ़ते बिल आदि उनके प्रमुख मुद्दे थे। किसानों की हालत और ख़राब होती गई तथा वैश्वीकरण की नीतियों ने उसे बड़ी संख्या में आत्महत्याओं के कगार पर पहुँचा दिया।

भारतीय कृषि के पिछड़ेपन के कारण

पिछले तीन दशकों से भारत में कृषि व्यवस्था सबसे अधिक संकट ग्रस्त स्थिति से गुज़र रही है। भारत में लगभग 65% कृषि बारिश पर निर्भर करती है और आधे से अधिक क्षेत्र में अत्यधिक बारिश या अत्यल्प बारिश हमेशा परेशानी का कारण बनती है। भारत में अधिकांश खेती देश के ग्रामीण हिस्सों में की जाती है। हालाँकि भारत के ग्रामीण क्षेत्रों में सुधार हुआ है, लेकिन भारत के ग्रामीण और शहरी अंतर के पुल को कम करने के लिए यह पर्याप्त नहीं है। कृषि क्षेत्रों में नए निवेश में कमी हुई है। कई अर्थशास्त्रियों ने इसके लिए कई कारण बताए हैं और कई लोग मानते हैं कि कृषि में अस्थिरता का मूल कारण भूमि असमानता है। कृषि क्षेत्र में निवेश करना अन्य क्षेत्रों में निवेश की तुलना में कम लाभदायक होता है। अन्य क्षेत्रों में निवेश कृषि के बजाए उच्च रिटर्न देने वाले सिद्ध होते हैं। कृषि में निवेश में कमी हुई है और इस क्षेत्र को नुकसान हुआ है।

भारत में कृषि से संबंधित समस्याओं को हल करने के लिए सरकारों द्वारा किए गए कई प्रयासों के बावजूद भारत में कोई सुसंगत कृषि नीति नहीं है। भारतीय कृषि में स्थिरता और उत्पादकता में वृद्धि के मुद्दे को लेकर एक सुसंगत कृषि नीति पर एक व्यापक समझौते की आवश्यकता है। जब खेती की बात आती है, तो इस क्षेत्र के लिए भारत ने अपने प्राकृतिक संसाधनों को संरक्षित और विकसित नहीं किया है। मुख्य रूप से सिंचाई से संबंधित संसाधनों को संरक्षित करने के लिए बहुत कम प्रयास किया गया है। महाराष्ट्र और अन्य जगहों में प्रवास की कहानियों और गंभीर जल संकट से स्थिति की गंभीरता स्वतः स्पष्ट हो जाती है। कृषि में तनाव की घटनाओं का दिखाई देने का अन्य मुख्य कारण विमुद्रीकरण है। नकद कृषि क्षेत्र में लेनदेन का प्राथमिक तरीक़ा है, जो भारत के कुल उत्पादन में पंद्रह प्रतिशत का योगदान देता है। बिक्री, परिवहन, विपणन और थोक केंद्रों या मंडियों के लिए तैयार माल का वितरण मुख्य रूप से नकद लेन-देन पर ही आधारित है। भारत में मूल्य नियंत्रण पर कई प्रतिबंध हैं। उन प्रतिबंधों से भारतीय कृषि को मुक्त किया जाना चाहिए।

पिछले पंद्रह वर्षों में भारत में उर्वरक क्षेत्र के अंतर्गत कोई निवेश नहीं हुआ है। इसका मुख्य कारण भारतीय उर्वरक नीति में व्याप्त समस्याएँ हैं। भारत में अधिकांश कृषि क्षेत्र में समग्र विकास के लिए मानसून महत्त्वपूर्ण है। मानसून पर ग्रामीण अर्थव्यवस्था की निर्भरता को नज़रअंदाज़ नहीं किया जा सकता है। बीज बोने का पैटर्न हमेशा उस क्षेत्र के मॉनसून पर निर्धारित होता है। ख़राब मॉनसून के कारण खेती पर बहुत बुरा असर पड़ता है और किसानों को बहुत भारी नुकसान उठाना पड़ता है। ऐसी ही स्थिति ख़रीफ फ़सलों के उत्पादन और उपज में भी उत्पन्न होती है। अधिकांश कृषि राज्यों में मॉनसून पर निर्भरता के कारण ख़रीफ फ़सलों का उत्पादन किसानों को बिना किसी फ़ायदे के करना पड़ता है। इसके अतिरिक्त कृषि के संदर्भ में जलवायु परिवर्तन भी एक प्रमुख समस्या के रूप में सामने आया है।

उच्च फ़सल पैदावार प्राप्त करने और कृषि उत्पादन में निरंतर वृद्धि के लिए बीज एक महत्त्वपूर्ण और बुनियादी कारक है। अच्छी गुणवत्ता वाले बीजों का उत्पादन करना जितना महत्त्वपूर्ण है, उतना ही महत्त्वपूर्ण है उन बीजों का वितरण करना। किंतु दुर्भाग्यवश देश के अधिकतर किसानों तक उच्च गुणवत्ता वाले बीज पहुँच ही नहीं पाते हैं।

देश के कृषि क्षेत्र में विद्यमान विभिन्न चुनौतियों और समस्याओं के परिणामस्वरूप किसान परिवारों की आय में कमी होती है और वे ऋण के बोझ तले दबते चले जाते

हैं। अंततः उनके समक्ष आत्महत्या करने के सिवाए कोई विकल्प नहीं बचता। निम्न और अत्यधिक जोखिम वाली कृषि आय कृषकों की रुचि पर हानिकारक प्रभाव डालती है और वे खेती को छोड़ने के लिए मजबूर हो जाते हैं। इससे देश में खाद्य सुरक्षा और कृषि क्षेत्र के भविष्य पर भी प्रतिकूल प्रभाव पड़ता है।

कृषि की अनिवार्यता

कृषि एक विशाल क्षेत्र है, जिसमें फ़सलों, पशुपालन, मृदा विज्ञान, बागवानी, डेयरी विज्ञान, विस्तार शिक्षा, रसायन विज्ञान, कृषि रसायन, कृषि इंजीनियरिंग, कृषि अर्थशास्त्र, पादप रोग विज्ञान, वनस्पति विज्ञान के उत्पादन आदि जैसे कई छोटे-छोटे क्षेत्र शामिल हैं। कृषि मूल रूप से भोजन, ईंधन, फाइबर, दवाओं और कई अन्य चीज़ों के उत्पादन के लिए पौधों की खेती है, जो मानव जाति के लिए एक आवश्यकता बन गई है। कृषि में पशुओं का प्रजनन भी शामिल है। कृषि का विकास मानव सभ्यता के लिए एक वरदान के रूप में बदल गया, क्योंकि इसने उनके विकास का मार्ग भी प्रशस्त किया। कृषि के क्षेत्र को कला, वाणिज्य और विज्ञान तीनों के साथ जोड़कर देखा जाता है।

कृषि को एक कला इसलिए कहा जाता है, क्योंकि इसमें फ़सल और पशुपालन की वृद्धि, विकास तथा प्रबंधन शामिल हैं। इस क्षेत्र में अच्छे परिणाम प्राप्त करने के लिए धैर्य और समर्पण की आवश्यकता होती है। कृषि किसी अन्य क्षेत्र की तरह अर्थव्यवस्था का समर्थन भी करती है और इस प्रकार यह निःसंदेह वाणिज्य श्रेणी में भी आती है। प्रजनन और आनुवांशिकी का ज्ञान कृषि के नए उन्नत तरीक़ों के साथ आने के लिए नियोजित है। इस क्षेत्र में कई आविष्कार और खोज की जा रही हैं, जिस वजह से यह क्षेत्र धीरे-धीरे विकास की ओर बढ़ रहा है। इस प्रकार कृषि विज्ञान के रूप में भी योग्य है। कृषि को देश के आर्थिक विकास का आधार माना जाता है। यह सिर्फ़ भारत में आजीविका का साधन नहीं है, बल्कि जीवन जीने का एक तरीक़ा भी है।

विज्ञान और प्रौद्योगिकी के क्षेत्र में विकास के कारण कृषि में आधुनिक तकनीकों का उपयोग हुआ। हालाँकि इसने कृषि क्षेत्र के विकास में बहुत योगदान दिया है। आधुनिक तकनीक के क्षेत्र में कुछ नकारात्मक नतीजे भी आए हैं। हर दूसरे क्षेत्र की तरह, कृषि क्षेत्र भी सदियों से विकसित होता चला आ रहा है और इसके विकास से समाज में सकारात्मक और नकारात्मक दोनों प्रभाव देखने को मिले हैं। कृषि की अनिवार्यता और उपयोगिता भोजन, देश की राष्ट्रीय आय, औद्योगिक क्षेत्र का विकास,

रोज़गार, विदेशी व्यापार, पूँजी निर्माण आदि और अन्य कई क्षेत्रों के लिए बहुत ज़रूरी है।

यह अकसर कहा जाता है कि हम जो भोजन करते हैं, वह देश में होने वाली कृषि गतिविधियों का एक उपहार है। देश ने आज़ादी से पहले तीव्र भोजन की कमी के समय को देखा है, लेकिन हरित क्रांति के आगमन के साथ इस समस्या का समाधान किया गया था। कच्चा माल उपलब्ध कराकर औद्योगिक क्षेत्र के विकास में कृषि एक प्रमुख भूमिका निभाता है। सूती वस्त्र, चीनी, जूट, तेल, रबर, तंबाकू आदि जैसे कई बड़े उद्योग प्रमुख रूप से कृषि क्षेत्र पर निर्भर हैं। कृषि क्षेत्र कई रोज़गार के अवसर प्रदान करता है, क्योंकि विभिन्न कृषि गतिविधियों के सुचारू संचालन के लिए एक बड़ी श्रम शक्ति की आवश्यकता होती है। यह न केवल प्रत्यक्ष रोज़गार के अवसरों के एक विशाल क्षेत्र को खोलता है, बल्कि अप्रत्यक्ष रोज़गार अवसरों को उपलब्ध करवाता है। उदाहरण के लिए, कृषि उत्पादों को एक स्थान से दूसरे स्थान पर लाने-ले जाने की आवश्यकता होती है, इसलिए यह परिवहन क्षेत्र का समर्थन करता है। कृषि क्षेत्र पर प्रमुख रूप से विदेशी व्यापार निर्भर करता है।

भारत चाय, तंबाकू, सूती वस्त्र, जूट उत्पाद, चीनी, मसाले आदि और कई अन्य कृषि उत्पादों का निर्यातक है। कृषि मशीनरी की बिक्री पर कृषि-आधारित वस्तुओं, भूमि राजस्व और करों पर उत्पाद शुल्क सरकारी राजस्व का एक अच्छा स्रोत बनाते हैं। कृषि गतिविधियों से उत्पन्न अधिशेष आय बहुत अच्छी तरह से पूँजी निर्माण के लिए बैंकों में निवेश की जा सकती है।

इस बात से इनकार नहीं किया जा सकता कि कृषि क्षेत्र देश के लिए बहुत महत्त्वपूर्ण है। कृषि मानव सभ्यता के विकास में अहम भूमिका निभाती है। कृषि ने हमारे समाज को बहुत कुछ दिया है और सरकार भी इस क्षेत्र में वृद्धि और विकास लाने के लिए बहुत कुछ कर रही है। कृषि न केवल आर्थिक दृष्टिकोण से महत्त्वपूर्ण है, बल्कि हमारे सामाजिक, राजनीतिक और सांस्कृतिक जीवन पर इसका गहरा प्रभाव है। अतः कृषि क्षेत्र देश का एक अभिन्न अंग है।

हेमन्त में बहुदा घनों से पूर्ण रहता व्योम है
पावस निशाओं में तथा हँसता शरद का सोम है
हो जाये अच्छी भी फ़सल, पर लाभ कृषकों को कहाँ
खाते, खवाई, बीज ऋण से हैं रंगे रक्खे जहाँ
आता महाजन के यहाँ वह अन्न सारा अंत में

अधपेट खाकर फिर उन्हें है काँपना हेमंत में
बरसा रहा है रवि अनल, भूतल तवा सा जल रहा
है चल रहा सन सन पवन, तन से पसीना बह रहा
देखो कृषक शोषित, सुखाकर हल तथापि चला रहे
किस लोभ से इस आँच में, वे निज शरीर जला रहे
घनघोर वर्षा हो रही, है गगन गर्जन कर रहा
घर से निकलने को गरज कर, वज्र वर्जन कर रहा
तो भी कृषक मैदान में करते निरंतर काम हैं
किस लोभ से वे आज भी, लेते नहीं विश्राम हैं
बाहर निकलना मौत है, आधी अँधेरी रात है
है शीत कैसा पड़ रहा, औ थरथराता गात है
तो भी कृषक ईंधन जलाकर, खेत पर हैं जागते
यह लाभ कैसा है, न जिसका मोह अब भी त्यागते
सम्प्रति कहाँ क्या हो रहा है, कुछ न उनको ज्ञान है
है वायु कैसी चल रही, इसका न कुछ भी ध्यान है
मानो भुवन से भिन्न उनका, दूसरा ही लोक है
शशि सूर्य हैं फिर भी कहीं, उनमें नहीं आलोक है

–किसान (कविता)/मैथिलीशरण गुप्त

☐